DU MARCHÉ

DES

CHEMINS DE FER

PAR

M. NUMA LAFONT.

Prix : 2 Francs.

PARIS

N. TREISSE, ÉDITEUR, SUCCESSEUR DE J. N. BARBA,

PALAIS ROYAL.

1858

DU MARCHÉ

DES

CHEMINS DE FER

PAR

M. NUMA LAFONT

PARIS

N. TREISSE, ÉDITEUR, SUCCESSEUR DE J. N. BARBA,

PALAIS ROYAL.

1858

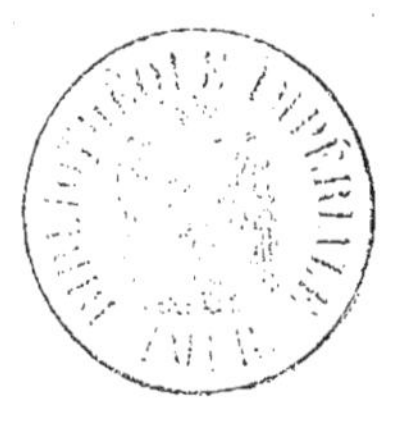

DU MARCHÉ

DES

CHEMINS DE FER

Les modifications et les extensions imposées aux Compagnies des chemins de fer ont, sous le rapport de l'intérêt général, procuré de grands avantages. D'une part, elles n'ajoutent rien ou presque rien aux charges du Trésor; et de l'autre, elles assurent l'exécution de travaux très-utiles, peu productifs, et ardemment désirés et sollicités par les populations. Elles ne sont pas même sans compensations pour les Compagnies, chacune d'elles, par une judicieuse répartition du territoire, se trouvant garantie contre la concurrence.

De telles améliorations devaient être rachetées par quelques inconvénients; il en est un, à notre sens, le plus grave, dont on a peut-être eu tort de ne pas se préoccuper. Les chemins de fer concédés étant terminés ou près de l'être, le public était édifié sur les frais d'établissement et sur les revenus actuels et prochains. Les conditions essentielles qui fixent la valeur de toute entreprise financière, sont tout d'un coup remises en question. Qu'en résulte-t-il ? On avait des titres de placement, on a des titres d'aventure ; on possédait, si l'assimilation est permise, des fermes dans la Brie et la Beauce, on les remplace par des concessions de terres à défricher. Le taux de capitalisation doit soudain être abaissé, et les titres doivent, petit à petit, abandonner les portefeuilles des pères de famille pour flotter sur le marché entre les mains des spéculateurs.

Il est une autre cause de dépréciation : les nombreuses entreprises concédées à partir de 1852 sont, les unes, terminées, les autres, amenées à un certain degré d'achèvement ; et bien des mécomptes se sont déjà révélés. Ici, les dépenses ont dépassé les prévisions ; là, les produits de l'exploitation partielle sont au-dessous des espérances qui avaient motivé les primes d'émission ; quelquefois les deux causes réunies pèsent sur la même concession.

Sous l'empire de ces idées, le marché des chemins de fer allait s'affaissant de jour en jour, lorsque l'annonce de négociations entamées entre l'État et les Compagnies est venue en changer la direction. La spéculation s'est soudain retournée et paraît disposée à reconquérir tout le terrain perdu.

Le gouvernement impérial gagne chaque jour en popularité comme en stabilité ; aucun conflit au dehors ne paraît à craindre, et la crise commerciale qui, depuis près d'un an, pesait sur l'Europe et l'Amérique, touche à sa fin. Ajoutez que les récoltes présentent le plus magnifique aspect, que les revenus indirects sont en progrès et que l'argent abonde. La hausse est donc au fond de la situation.

On doit s'étonner même qu'elle ne se soit pas manifestée sur la rente. Mais en est-il de même des actions de chemins de fer ? Et d'ailleurs faut-il les faire monter toutes sans choix et sans discernement ? Non. Les concessions nouvelles, les faits récents ont amené un état nouveau dont la spéculation doit tenir compte.

La première partie de ce travail, abstraction faite de ce que les négociations pendantes peuvent produire, sera consacrée à dégager la valeur intrinsèque actuelle et future de chacune de nos lignes de chemins de fer.

La seconde partie aura pour objet les résultats probables des négociations.

Dans la troisième et dernière partie réside l'intérêt de cet écrit ; elle exposera un projet de réforme de la société anonyme. Les changements réclamés sont fort simples, conformes à la justice et d'une réalisation facile ; ils auraient pour effet d'améliorer les services, de réduire les frais, d'accroître les produits, et de prévenir les abus, les erreurs et les mécomptes qui troublent périodiquement le marché industriel.

I.

VALEUR INTRINSÈQUE DES CHEMINS DE FER.

CHEMIN DE FER D'ORLÉANS.

Si les chemins de fer étaient et sont encore les régulateurs du marché industriel, on peut dire que le chemin d'Orléans était le modèle de tous les autres. Avant les concessions de juin 1857, c'était le mieux accueilli par l'opinion, celui dont les titres étaient le mieux classés et cotés.

Sous le rapport du crédit et de la fermeté du marché, il aurait mieux valu que l'État n'en exigeât aucune innovation onéreuse, mais il était du devoir des administrateurs de n'accepter aucune de celles qui pourraient leur être proposées.

On connaît leur excuse : ils ont cédé à la nécessité ; entre plusieurs maux ils ont choisi le moindre. Cette assertion mérite examen. L'ancien réseau, d'une longueur de 1,750 kilomètres, est, depuis le dernier trimestre 1857, en exploitation sur 1,372 kilomètres ; il ne restait donc plus à terminer que 378 kilomètres; savoir : un embranchement de Tours au Mans, qu'on espère ouvrir à la circulation en juillet prochain, et une ligne d'un plus long parcours de Savenay à Châteaulin, avec embranchement sur Napoléon-Vendée. Cela fait, la Compagnie n'avait plus qu'à fermer son compte de capital et ses emprunts, et à jouir en paix du fruit de ses travaux. — Mais le trafic était ou pouvait être attaqué. — De quelle manière? Le trafic direct entre Paris et Nevers et prolongements abandonnera le détour d'Orléans aussitôt que la ligne directe sur Moret sera livrée à la circulation. C'est une perte prévue, à laquelle il n'a pas été remédié. L'exécution de la ligne du Mans à Angers enlèvera le trafic d'Angers et Nantes sur Paris; mais le danger est retardé de huit ans encore, et la convention de juillet 1857 n'a rien innové. — On aurait pu entre les lignes de Nantes et la Rochelle, de Bordeaux et de Limoges, ou entre cette dernière et celle de Nevers et Clermont, intercaler des concurrences. — Est-il de crainte moins fondée ? Qu'on jette les yeux sur une carte, on n'aura pas de peine à reconnaître que toutes les voies praticables dans les intervalles dont il vient d'être question auraient apporté et n'auraient rien pris. Restait le chemin direct de Paris à Tours, qui raccourcit la distance entre ces deux points. Ici le danger est certain : le trafic pour Paris à destination ou en provenance de Tours et prolongements sur les lignes de Bordeaux et de Nantes prenant le raccourci, sera perdu pour la Compagnie d'Orléans sur les 235 kilomètres compris entre Tours, Orléans et Paris. Nous n'avons pas le moyen de l'apprécier, mais la Compagnie était en mesure de le calculer jusqu'au dernier centime. Estimons-le par conjecture à 20,000 fr. brut par kilomètre; ce sera une diminution de recette brute de 4,700,000 fr., et nette de 2,830,000 fr., soit moins de 10 francs pour chacune des 300,000 actions.

Un si minime dommage, qu'on aurait certainement atténué dans la pratique, ne justifiait pas des résolutions d'une aussi grande conséquence que l'absorption partielle du réseau Grand-Central. Il est bon de voir et de peser les motifs que les administrateurs donnent à l'appui de leur décision.

« Que n'avait-on pas dit, lit-on au dernier rapport, de
» la stérilité des chemins que nous avons eu à établir à
» travers la Sologne et quelques autres parties du centre
» de la France? Ces chemins ont donné des produits bien
» supérieurs à ce qu'on avait supposé. — Sans doute il peut
» arriver que la moyenne de la recette kilométrique baisse
» par suite de cette adjonction, mais il ne s'ensuit pas né-
» cessairement que le revenu total du réseau devra s'affai-
» blir.

» La recette kilométrique n'est qu'un des éléments qui
» concourent à la formation du produit net; la proportion
» des frais d'exploitation, la proportion des dépenses d'éta-
» blissement, la proportion des kilomètres ajoutés, y contri-
» buent d'une manière non moins directe ni moins efficace.
» Vous n'avez qu'à examiner ce qui est arrivé dans notre
» propre exploitation. En 1851, l'année qui a précédé la
» fusion, la recette kilométrique du chemin d'Orléans était
» de 75,000 francs, et vous aviez un revenu de 39 fr. 70.
» En 1857, la recette kilométrique n'est plus que de
» 44,800 fr., et vous recevez un dividende de 90 francs. »

Prétendrait-on sérieusement qu'on a opéré en 1857 aussi

avantageusement qu'en 1852 ? Il suffirait de quelques rapprochements. En 1852, la Compagnie d'Orléans acceptait deux embranchements d'un faible produit, le Guétin à Clermont et Châteauroux à Limoges ; mais elle s'adjoignait aussi les chemins plus riches du Centre, de Bordeaux et de Nantes. Oserait-on soutenir que le rendement des sections récemment ajoutées égalera dans son ensemble le rendement des sections de Clermont et de Limoges ?

Sur toutes les adjonctions de 1852, les travaux ayant été exécutés par l'État, la pose de la voie et l'approvisionnement du matériel constituaient les seules dépenses d'établissement. Aujourd'hui, l'État accorde bien une subvention, mais qui ne représente qu'une portion des dépenses que la loi de 1842 aurait mis à sa charge.

En 1852, les actionnaires d'Orléans s'associaient aux actionnaires du Centre, de Bordeaux et de Nantes, ne tenant compte aux premiers que de leurs versements, aux seconds et aux derniers, que d'une partie de ces versements, si bien qu'ils achetaient des lignes de premier ordre pour un prix inférieur au coût de la pose et du matériel. En 1857, ils paient 35 fr. de rente, soit 700 fr. en capitalisant cette rente au denier vingt, les 500 fr. versés par les actionnaires du Grand-Central. Enfin, en 1852, ils émettaient à 340 fr. les obligations qu'ils font négocier en 1858 au prix plus bas de 275 fr.

La fusion de 1852 a fait progresser le dividende, la fusion de 1857 le réduira. La différence des conditions amènera forcément la différence du résultat. Ceci n'a pas besoin d'être plus longuement démontré.

Le passé est passé, les récriminations seraient désormais inutiles. Il faut prendre la situation telle qu'elle est et en tirer le meilleur parti. Sans doute, il n'est pas interdit de se tourner vers le gouvernement ; on est même dans des conditions d'autant plus favorables, qu'on a cédé à ses désirs avec plus de facilité ; mais que lui demander ? De l'argent ? ce n'est guère praticable ; des retraits de concession ? toutes les lignes à construire sont du plus haut intérêt pour les populations, et, sauf le second chemin de Tours, qui peut être supprimé ou retardé sans grands inconvénients, on n'a rien à espérer de ce côté. L'abrogation des taxes qu'on a laissé établir sans résistance depuis 1850, tel est le véritable terrain.

Mais pour améliorer la situation, il faut l'éclairer, il faut sortir du vague des appréciations générales et présenter des comptes clairs et nets ; il faut surtout éviter ces assertions malheureuses : « qu'on manque d'éléments pour apprécier » les produits du nouveau réseau. » Quand on sait qu'il existe des procédés à peu près certains pour établir tous les calculs de produits, comment interpréter un pareil langage ? Le public juge mauvais les résultats qu'on ne peut pas ou qu'on ne veut pas lui donner.

L'effet du rapport lu à la dernière assemblée générale est mauvais ; les cours de la Bourse antérieurs à l'annonce des négociations le démontrent surabondamment. La baisse persistante des actions était due non à une cause temporaire, telle que la diminution des recettes, mais aux conséquences qu'on tire de la fusion.

Il convient de faire cesser toute incertitude : le Conseil d'administration en a seul le pouvoir, il le doit, et voici, d'après nous, quels seraient les moyens :

1° L'ancien réseau de 1,750 kilomètres entraîne, au

28 février 1858, une dépense de 379,836,725 fr. Combien coûtera la parfaite et complète exécution? Des devis exacts doivent exister ; il convient de les porter à la connaissance de tous les actionnaires.

2° Le réseau nouveau comprend diverses lignes facultatives qu'on doit écarter jusqu'à nouvel ordre, et d'autres lignes obligatoires mesurant ensemble 930 kilomètres. La section de Coutras à Périgueux, de 75 kilomètres, est la seule qui soit ouverte au public. Le rapport fait espérer qu'une plus importante, celle de Montauban à Saint-Christophe, d'une longueur de 171 kilomètres, sera mise en exploitation au mois de juillet prochain. Il ajoute, et ce détail est satisfaisant, qu'à la fin de 1861 la Compagnie aura exécuté 800 kilomètres dans les limites des prévisions. En y comprenant le prix d'achat d'Orsay et d'Aubin, il a été dépensé 204,633,084 fr. ; que reste t-il à dépenser? Les devis exacts sont sans doute dressés ; qu'ils le soient dans le plus bref délai et qu'on les publie comme les précédents.

3° Les comptes de la Compagnie permettent de donner un état à peu près complet de sa dette ; en voici le détail :

	Capital réalisé.	Annuité nécessaire pour l'intérêt et l'amortiss.
1er et 2e emprunt 4 0/0.	19,998,750	1,215,900
3e emprunt.		
1re série 150,000 obligations 3 0/0.	51,000,000	2,423,114
2e — 130,000 —	35,750,000	2,099,727
3e — 150,000 —	43,487.400	2,423,114
4e — 170,000 —	46,175,000	2,741,529
5e — (1) 580,000 —	159,500,000	9,369,374

(1) 63,283 obligations émises ont produit 16,386,000 fr.
213,051 — en négociation par l'entremise de la Banque.
298,666 — données pour le rachat du Grand-Central.
5,000 — données pour le rachat d'Orsay.

Total. 580,000 obligations.

6ᵉ série 364,000 obligations 3 0/0
votées dans la dernière assemblée, à
émettre 100,000,000   5,880,089
Du Grand-Central (1) 299,200 obliga-
tions 3 0/0. 76,675,842   4,833,300
Emprunt d'Orsay..   3,993,000   200,853
                                   ___________   __________
                                   536,579,992   31,187,000

Ainsi, pour 150 millions réalisés sous forme d'actions, la Compagnie a levé ou lève 537 millions par l'emprunt; les revenus nets de l'exploitation se portent à 37,540,484, et l'annuité à servir à ses créanciers est de 31,187,000. Ces chiffres parlent assez haut; ils indiquent que la question d'une meilleure répartition du capital, que le dernier rapport s'applique à éluder, doit enfin être posée et résolue. Orléans ne saurait échapper plus longtemps à la nécessité que le Nord, l'Est et Lyon ont subie. Une émission d'actions est indispensable; le chiffre des devis complémentaires pour l'ancien et le nouveau réseau en réglera les proportions.

4° Le chiffre de la dépense et les voies et moyens ainsi déterminés, reste à évaluer le revenu. La théorie développée dans le rapport n'étant pas soutenable, la Compagnie doit faire étudier et produire les calculs du rendement sur chaque partie et sur l'ensemble des deux réseaux, dans toutes les phases de l'exploitation. Les calculs obtenus par les procédés ordinaires et présentés sous la garantie des hommes si compétents que la Compagnie compte dans son personnel, obtiendront et mériteront confiance.

Un temps très-court, deux mois au plus suffirait pour

---

(1) Ce chiffre de 299,200, quoique pris dans les bureaux de la Compagnie, n'est peut-être pas exact. Les obligations Grand-Central, pour un capital de 76,675,842, ne ressortiraient qu'à 256 fr. On n'en a pas encore émis aussi bas.

la préparation et la publication des documents qui viennent d'être réclamés. La valeur réelle, actuelle et future de l'action d'Orléans, au lieu d'être le secret de quelques-uns, serait connue de tout le monde. Le cours en serait fixé dans de justes conditions, et certainement moins bas que ne le portera l'état d'incertitude dans lequel le public est entretenu.

Un appel à la publicité et à la sincérité est bien opportun. Le Conseil d'Orléans a commis une faute immense ; loin d'en convenir, comme tous les pouvoirs jusque-là heureux, il se la dissimulerait à lui-même. L'extrait du rapport réfuté plus haut tend à établir que l'absorption du Grand-Central est une opération aussi brillante que la fusion de 1852. Les comptes de 1857 révèlent un fâcheux symptôme. De peur, sans doute, qu'on n'attribuât à cette cause un temps d'arrêt dans la progression des produits, on a forcé le dividende, dans une faible mesure sans doute, mais enfin on l'a forcé : la preuve est palpable.

En 1857, on avait porté au débit de l'exploitation l'annuité afférente aux emprunts 1 et 2 et aux trois premières séries de l'emprunt n° 3 pour une somme totale de 8,161,905 fr. 32. En 1858, on ne la débite, pour les mêmes causes, que de 8,156,191 fr. 34. Cependant d'un exercice à l'autre il a été dépensé sur les sections de l'ancien réseau, 9,274,335 fr. et l'on a ouvert à la circulation deux sections importantes, Poitiers à la Rochelle et Rochefort, et Nantes à Saint-Nazaire, figurant au compte d'établissement pour 42,812,494 fr. Ce compte s'étant augmenté en somme de 52,086,829 fr., l'exploitation, d'après ce principe, reproduit dans tous les rapports de la Compagnie, qu'elle doit payer ce qu'elle consomme, devait être chargée des intérêts afférents. A raison de 5 95 0/0 (c'est à ce taux que ressort, y compris l'abonnement de l'impôt du timbre, l'intérêt de l'obligation émise à **275**), c'était une réduction de 3,097,166 fr.

On objectera qu'en 1856 les recettes comprenaient une somme de 1,890,000 fr. provenant des intérêts afférents à certaines obligations du Bourbonnais et du Grand-Central, et que ces intérêts sont, en 1857, réduits à 66,622 fr. 50 c. Soit; mais s'il fallait 3 millions, la critique n'est pas moins fondée, et l'on ne peut nier que le dividende n'ait été surélevé. Pour l'exercice courant les conséquences seront funestes : aux **52** millions précités, si l'on ajoute la dépense de la section de Tours au Mans qu'on doit inaugurer en juillet, et les additions que l'ensemble du réseau aura nécessitées, on ne peut guère évaluer à moins de 80 millions la surcharge du compte d'établissement. Soit 4,800,000 fr. de plus à prendre sur le revenu. Mais, malgré le surcroît de 148 kilomètres, les 23 premières semaines de 1858 accusent sur 1857 un déficit de 2,222,746 fr. Il n'est guère possible de partager l'opinion du Conseil d'Orléans, et de croire sur sa parole, que, le réveil des affaires effaçant sur la fin de l'année les faiblesses du commencement, on réalisera le même chiffre de recettes brutes. Quoi qu'il en soit, les dépenses d'exploitation portant sur un plus grand nombre de kilomètres, seront certainement plus fortes. C'est être modéré que d'évaluer cet excédant à 1,200,000 fr. ; ajouté aux 4,800,000 ci-dessus, il complète un total de 6 millions à distribuer en moins aux actionnaires, soit **20** fr. par action. La chute aurait été moins lourde si l'on avait agi plus correctement.

CHEMIN DE FER DE LYON A GENÈVE.

La concession du Lyon-Genève comprend 237 kilomètres, savoir : 231 pour la voie principale et l'embranchement de Mâcon à- Ambérieux , et 6 kilomètres pour le
raccordement à Lyon avec la gare du chemin de la Méditerranée. D'après les derniers rapports présentés aux actionnaires (assemblées générales d'avril 1857 et 1858), la
complète exécution de tous les travaux entraîne une dépensé
de 112,500,000 fr., qui sont réunis de la manière suivante :

Subvention française et génevoise. . . .   17,000,000
Capital de 80,000 actions de 500 fr. . .   40,000,000
Produit de deux emprunts en obligations
3 0/0.   40,000,000
Solde à réaliser et avancer par la Compa-
gnie de la Méditerranée   15,500,000

Total égal. 112,500,000

Un annuité de 2,257,800 fr. à prendre sur les premières recettes, et au besoin sur le revenu minimum (1 million
500,000 fr.) garanti par l'article 6 du cahier des charges,
est nécessaire pour assurer le service de l'intérêt et de
l'amortissement des deux emprunts. Quant au solde, évalué
15,500,000 fr., l'article 8 du traité supplémentaire de
fusion du 14 août 1857 est ainsi conçu : « *Les sommes nécessaires pour l'achèvement du chemin de Genève seront
réalisées et avancées par la Compagnie de Paris à Lyon et*

à la Méditerranée, pour le compte et aux frais de la Compagnie de Genève.

Des explications verbales données par le bureau dans leur assemblée du 20 avril 1857, plusieurs actionnaires de l'ancienne Compagnie de la Méditerranée avaient compris qu'ils deviendraient coactionnaires de l'entreprise dans les proportions du capital réalisé et avancé. Mais cette interprétation doit être abandonnée devant la précision du texte ci-dessus rappelé. Les 15,500,000 fr. ne donneront pas lieu à la création de nouvelles actions du Lyon-Genève; il faudra mettre à la charge de cette Compagnie l'annuité que nécessitera le service de l'intérêt et de l'amortissement des obligations émises pour obtenir ce capital. Cette annuité, calculée à raison de 5 75 0/0, serait de 881,250 fr., laquelle somme, ajoutée à celle de 2,257,800 fr., précédemment relevée, porte à 3,139,050 fr. l'annuité à prélever pour l'amortissement des emprunts.

A proprement parler, le Lyon-Genève n'est pas fusionné; il est vendu moyennant un prix payable en actions de Lyon-Méditerranée, qui sera déterminé par ses recettes brutes durant l'exercice 1860. Les recettes, on le sait, seront augmentées de 36 0/0 en même temps que le montant des frais d'exploitation sera ramené à 40 0/0 du total ainsi obtenu. En vertu de cet accord, à la date du 1er janvier 1861, la grande Compagnie absorbera la petite, et dès que son dividende aura été fixé, elle affectera au prix de son acquisition une quantité de ses propres actions suffisante pour représenter un chiffre de revenu égal au revenu net du Lyon-Genève, les recettes brutes et les dépenses calculées comme il vient d'être dit, et déduction faite des charges imposées par les emprunts.

Ces prémisses posées, deux questions sont à examiner : Quelle sera la recette brute du chemin de Lyon à Genève en 1860? Quel aurait été le produit net des actionnaires s'il n'y avait pas eu de traité de fusion?

La France est un pays très-centralisé; la circulation, abondante et riche autour de Paris, décroît et s'appauvrit à mesure qu'on s'en éloigne. Quelques lignes au nombre de deux ou de trois qui forment les grandes artères du mouvement national, font exception à la règle, mais les diverses branches du Lyon-Genève sont en dehors de leur parcours.

Ce chemin se trouve au contraire dans une condition particulièrement défavorable; il est international, c'est-à-dire sujet à toutes les interruptions de circulation provenant d'une douane de frontière.

Dans la première assemblée générale tenue le 29 avril 1854, le Conseil assurait que la dépense d'établissement, évaluée par le gouvernement, au moment de la concession, à 62,250,000 fr., devait être considérée comme un maximum qui ne serait pas dépassé. Il ajoutait que les relevés statistiques qu'il avait fait faire avec soin, accusaient un produit brut de 5,398,812 fr. C'était un rendement kilométrique de 23,783 fr.

Si ce dernier chiffre se rapprochait de la vérité, il n'en était malheureusement pas de même du premier. Mais parce que la dépense de 62 millions se porte à 112,500,000 f. était-ce une raison pour violenter les calculs de produits et apporter des hypothèses de rendement de 40 à 45,000 fr.?

Les recettes des sections successivement livrées au public depuis le 23 juin 1856, ne pouvaient être très-brillantes; mais à partir du 17 mars l'exploitation est complète, sauf les deux raccordements des gares de Lyon et du pont de

Culoz; elle comprend 227 kilomètres. La situation, comme on devait s'y attendre, s'est améliorée : du 1ᵉʳ avril au 10 juin, les 227 kilomètres ont rendu 963,920 fr., soit par kilomètre et par an 22,252 fr. Quelques progrès sont encore inévitables; mais comme le réseau ouvre en possession de tous ses tenants et aboutissants, ils ne seront pas tels qu'on se l'est imaginé. On peut donc compter sur un rendement moyen de 25,000 fr.; on s'égarerait peut-être en allant au delà.

Il convient néanmoins de faire la part aux opinions courantes et de calculer le résultat dans la double hypothèse d'un rendement de 25 et de 30,000 fr. Tel est l'objet du tableau ci-après :

Rendement kilométrique. . .	25,000	30,000
Majoration, 36 0/0.	9,000	10,800
Totaux. . .	34,000	40,800
Frais d'exploitation, 40 0/0	13,600	16,320
Net par kilomètre.	20,400	24,480
Pour 231 kilom. (1).	4,712,400	5,654,880
Amortissement des emprunts à déduire.	3,139,050	3,139,050
Reliquats nets.	1,573,350	2,515,430
Soit par action. . . .	19 fr. 65	31 fr. 44

Un revenu de 20 fr. environ, telle est donc la base sur

---

(1) Le raccordement de Lyon, construit à frais communs, n'est pas supputé dans les produits du chemin de Genève (traité du 19 décembre 1855, art. 6), ce qui réduit le nombre des kilomètres à 231.

laquelle doit être établie la valeur de l'action Lyon-Genève. Encore n'est-il dû qu'à la fusion ; il est facile de s'en convaincre.

Il est trois faits hors de contestation : s'il n'y avait pas eu de fusion, 1° l'annuité exigée par le service des emprunts ne serait pas diminuée ; 2° la majoration de 36 0/0 ferait défaut ; 3° les frais d'exploitation excéderaient 40 0/0 de la recette brute ; les détails qu'on trouvera plus loin prouveront qu'ils dépasseraient 50 0/0 sur une recette brute de 25,000 francs, et 45 0/0 si le rendement atteignait 30,000 francs.

En s'arrêtant à cette proportion, on obtiendrait le résultat suivant :

Rendement kilométrique. . .	25,000		30,000
Frais à déduire. . . 50 0/0.	12,500	45 0/0	13,500
Net. . . .	12,500	—	16,500

Pour 234 kilomètres, attendu qu'on devrait compter la moitié du raccordement dans Lyon, on aurait :

	2,925,000	ou	3,861,000
Service des emprunts à déduire.	3,139,050	—	3,139,050
Déficit. . . .	214,050.	Excédant,	721,950

En comparant ces résultats avec ceux que procure la fusion, tels que nous les avons précédemment établis, on reconnaît que Lyon-Genève gagne une rente annuelle de 1,787,400 dans un cas et de 1,793,880 dans l'autre, soit, en la capitalisant au denier 20, une somme de 35,748,000 ou 35,877,600 fr.

Les auteurs du traité de fusion essaient de justifier les
avantages exorbitants concédés à Lyon-Genève. « Pour
» tenir compte, porte l'art. 3 du traité, dans le calcul du
» produit, de l'avantage résultant pour la Compagnie de la
» Méditerranée, de l'antériorité de son exploitation et du
» développement que son trafic a pu en recevoir, le pro-
» duit brut du réseau de Genève pendant l'année prise
» pour type sera augmenté de 36 0/0, etc... »

Ce principe est erroné : pour un chemin en possession,
comme c'est ici le cas, de tous tenants et aboutissants, trois
ans d'exploitation complète, après deux ans d'exploitation
partielle, suffisent, et au delà, pour organiser le service et
développer le trafic. Les seuls progrès qu'on doive attendre
sont ceux qui résulteront des circonstances générales, des
habitudes, de l'accroissement de l'industrie et de la popu-
lation ; progrès plus lents sur un réseau tel que celui de
Genève, qui dessert une circulation indirecte, restreinte et
entravée, que sur un réseau de premier ordre tel que celui
de Lyon et de la Méditerranée, dont le trafic libre, direct
et opulent, n'a peut-être pas d'égal sur aucun point du
monde civilisé.

Deux ou trois ans après l'inauguration complète, l'accroissement graduel sur le réseau de Genève sera donc moindre
que celui de Lyon-Méditerranée, de telle sorte que plus la
répartition sera reculée, plus elle tournerait au profit de
la dernière Compagnie et au détriment de la première.
L'événement fera mieux ressortir cette vérité. L'exercice
1859 aurait été pris pour base de la fusion, *si*, dit l'art. 2
du traité, *le réseau de Genève eût été terminé avant la fin
de* 1857. Les dernières sections n'ayant été ouvertes que
le 18 mars 1858 et les raccordements de Lyon et de Culoz

n'étant pas encore livrés, la fusion est de droit remise d'une année, et par conséquent l'exercice 1860 est substitué à l'exercice 1859. On verra ce retard devenir funeste à la Compagnie dans l'intérêt de laquelle il avait été stipulé.

Une majoration quelconque ne se fondait donc sur aucun motif valable. Il est une éventualité de réduction qu'on est à bon droit étonné de voir complétement omise. La distance de Dijon à Genève, aujourd'hui franchie sans solution de continuité, est de 312 kilomètres.

Dijon à Mâcon.	126 kilom.
Mâcon à Ambérieux.	69 —
Ambérieux à Genève.	117 —
	312 kilom.

Une ligne plus courte est en construction, savoir :

Dijon à Mouchard, par Dôle (en exploitation)	79 kilom.
Mouchard à Pontarlier (presque achevé).	62 —
Pontarlier à Jougne (ajourné à deux ans) .	20 —
Jougne à Cossonay (sur l'Ouest-Suisse, ajourné à deux ans).	25 —
Cossonay à Genève (sur l'Ouest-Suisse, presque achevé).	58 —
Total.	244 kilom.

Comme cette voie abrége de 68 kilomètres, et comme, aux termes du traité, des tarifs identiques par kilomètre seront appliqués par les deux exploitations, il est certain que le trafic à destination ou en provenance de Dijon et de tous les points situés à l'ouest de cette ville jusqu'à Paris et au Havre, abandonnera le réseau de Genève pour adopter celui de Dôle et Pontarlier.

Mais sur cette dernière ligne, deux lacunes de 45 kilom. sont ajournées à deux ans, de sorte qu'en 1859 et 1860, Lyon-Genève aura joui d'un trafic qu'il perdra immédiatement. Il se fera donc payer ce qu'il ne livrera pas, et ce ne sera pas de peu d'importance. Chaque 1,000 fr. de rendement brut par kilomètre sur les 186 kilomètres compris entre Mâcon et Genève, grâce à la majoration et à la réduction des frais, procurent une rente annuelle de 151,776 fr., soit, au denier vingt, un capital de 3,035,320 fr. Que l'on suppose le trafic en question de 5,000 fr. seulement par kilomètre, c'est une différence de plus de 15 millions. Les auteurs du traité, hommes si compétents en matière de circulation et de transports, sont-ils excusables de n'avoir rien stipulé dans cette prévision ?

L'article 2 précité se termine par ces mots : « En outre, » les frais d'exploitation de la Compagnie de Genève, pen- » dant cette même année, seront réduits à 40 0/0, dans le » cas où ils dépasseraient de fait cette proportion. » La proportion des frais varie en raison du quantum plus ou moins élevé de la recette brute. Voici un exemple parfaitement applicable à l'espèce.

En 1855 et 1856, la Compagnie de la Méditerranée a exploité 529 kilomètres, rendant en moyenne 47,100 et 57,000, et dépensant 18,239 et 22,283 fr., soit presque 40 0/0. Cette proportion s'est-elle produite sur toutes les parties du réseau ? nullement : 356 kilomètres (Marseille-Avignon) rendaient 57,000 et 68,520, tandis que 173 kilomètres (rive droite du Rhône) ne produisaient que 28,989 et 33,569 fr. Si, dans ses publications, la Compagnie spécialisait les frais, comme elle fait des recettes, on verrait que si elle a dépensé sur la première section au delà de 18,239 et 22,283 fr., la moyenné de 40 0/0 n'y est pas atteinte, tandis qu'elle est largement dépassée sur la seconde, bien qu'elle ait beaucoup moins coûté. La clause du traité n'est donc pas justifiable ; il convenait de prévoir diverses hypothèses de rendement et d'établir une proportion de frais graduée en rapport avec ce rendement.

Les études auxquelles nous aurons à nous livrer établissent que dans les exploitations les meilleures, la proportion de 40 0/0 de frais n'est obtenue que sur des recettes très-élevées, et qu'elle est au plus bas de 57 1/2 0/0 sur une recette de 25,000 fr.

De ce qui précède, il est permis de dégager quelques conséquences :

1° On a exagéré la valeur réelle des actions Lyon-Genève. Elles doivent tomber dans des cours en rapport avec les revenus que promet l'exercice 1860. On a vu que nous les estimons à 20 fr., et que pour les porter au-dessus de 30 fr., on doit forcer l'évaluation du rendement kilométrique. Encore faut-il ne pas oublier que la jouissance ne commencera qu'au 1er janvier 1861, et que dans l'intervalle pour 1858, 1859 et 1860, les actionnaires devront se contenter d'un intérêt pris en partie sur le capital. Les recettes de l'exploitation régleront de semaine en semaine ces cours avec plus de précision.

2° Le traité de fusion est tout en faveur du Lyon-Genève, sous le triple rapport de la majoration, de la réduction des dépenses et de l'omission de toute réserve en ce qui touche le trafic de Dijon et autres lieux à l'ouest de cette station.

3° Le dommage de près de 36 millions que subissent les actionnaires du Lyon-Méditerranée, du chef des deux premières conditions, est irréparable, et nous ne connaissons pour eux aucun moyen de l'éviter. Quant à celui que nous avons approximativement évalué à 15 millions, et qui sera peut-être plus considérable, le remède est en leurs mains. Ils sont concessionnaires du chemin de Pontarlier et chargés de construire la première section (20 kilomètres de Pontarlier à Jougnes) de la lacune de 45 kilomètres que nous avons signalée.

Qu'ils hâtent les travaux en ce qui les concerne, et qu'ils usent de leur légitime influence sur les administrateurs de l'Ouest-Suisse, en ce qui concerne la deuxième section ; ils auront avant la fin de 1859 raccourci de 68 kilomètres la distance entre Genève et Dijon.

L'auteur de cet article, actionnaire lui-même et membre de l'assemblée générale, a soulevé cette dernière question au sein de la réunion du 30 avril. On supposerait difficilement la réponse qu'il a reçue. « Son observation est fondée, dit le bureau, et l'on est d'accord avec lui ; mais l'État a limité le chiffre des émissions, et la lacune dont il s'agit ne pourra être entreprise avant 1860 ou 1861. »

La dépense est inévitable ; elle ne peut excéder de 5 à 10 millions, et c'est une perte de 15 millions et plus peut-être qu'il importe de prévenir. A l'État le soin des intérêts généraux, aux administrateurs le soin des intérêts de leurs actionnaires ; s'ils les avaient exposés et défendus, comme c'était leur devoir, l'obstacle dont ils arguent ne se serait certainement pas produit.

Il en est temps encore ; les voies et moyens, s'ils les réclament, ne leur seront pas refusés, et dans tous les cas ils peuvent exiger une modification au traité de fusion. Genève fait payer son trafic assez cher pour n'y pas ajouter des produits momentanés qui ne lui appartiennent pas.

PARIS A LYON ET A LA MÉDITERRANÉE.

Les conséquences du *traité Genève* ainsi exposées, il est temps de s'occuper de la grande fusion.

Si ce traité peut être justement reproché à la partie du Conseil qui l'a d'abord sanctionné, et à l'ensemble du Conseil qui dans l'exécution néglige d'en corriger les omissions, on doit reconnaître que, par rapport à l'Etat, la situation était moins favorable, et que, menacées, au sud et dans le centre, de concurrences redoutables, les deux Compagnies aujourd'hui réunies devaient offrir des compensations.

Le fardeau qu'elles ont accepté est trop lourd sans doute, elles ont sagement agi cependant en ne résistant pas; mais il convient avant tout de mettre sous les yeux du lecteur le détail et l'origine des diverses concessions, en même temps que l'état des ressources réalisées jusqu'à ce jour.

ANCIEN RÉSEAU.

	Longueur	
	totale.	exploitée
Paris-Lyon.	512	512
Laroche-Auxerre.	20	20
Dijon-Belfort.	182	182
Auxonne-Gray.	37	37
Dôle-Salins (40) et à Chalon-sur-Saône (65).	105	40
Orchans et Mouchard à Poligny et Bourg.	101	»
Lyon à Marseille et Toulon.	417	350
Givors à Chasse.	3	3
Tarascon à Cette (105) et Nîmes à la Grand'-Combe (68).	173	173
Rognac à Aix.	26	26
	1576	1343

BOURBONNAIS.

	totale.	exploitée
Moret à Lyon (490) et Montargis et Corbeil (95).	585	236
Saint-Germain à Brioude (135) et à Vichy (6).	141	135
Brioude à Saint-Etienne par le Puy . . .	162	»
Lyon à Roanne par Tarare.	80	»
	968	385

Convention du 11 avril 1857. — Sections obligatoires.

	totale.	exploitée
Chatillon-sur-Saône à Nuits.	35	»
Nevers et Moulins à Chagny.	280	»
Mouchard aux Verrières (70) Pontarlier Jougne (20).	90	»
Montbéliard à Delle et Audincourt. . . .	22	»
	427	»

Même convention. — Concessions éventuelles.

Brioude à Alais (209) Montbrison à André- zieux (19)	228	»
Privas à Crest (39) Carpentras à Sorgues (17) .	56	»
Avignon à Gap (241) et à la front. sarde (70).	311	»
Miramas à (20) Aix à Peyrolle (30). .	50	»
Toulon à Nice.	144	»
	789	»

RÉCAPITULATION.

Ancien réseau.	1576
Bourbonnais.	968
Sections obligatoires.	427
Sections éventuelles.	789
	3760

CAPITAL RÉALISÉ.

Actions délivrées aux Compagnies Paris à Lyon et Lyon à la Méditerrance.	577,500	=	177,500,000 fr.
Actions remises aux actionnaires, à 735 fr.	115,500	=	84,892,500
			693,000
Primes sur 25,000 actions, rachat de Dijon.			5,370,000
Primes et soultes reçues par la Méditerranée.			5,435,000
AU LIEU DE 346,500,000 fr.			273,197,500 fr.
Subventions			80,000,000

EMPRUNTS.

Ancien Réseau.

				Intérêt annuel.	Amortiss.
80,000	obligations	L 4 0/0	83,968,070	4,000,000	400,000
250,000	—	L 3 0/0 (séries 1, 2, 3). .	71,359,074	3,750,000	300,000
60,000	—	M 4 0/0 (solde d'Avignon compris)	62,427,964	3,000,000	120,000
182,333	—	M 3 0/0, rachat d'Avignon et rive droite	54,857,234	2,734,995	218,800
82,666	—	M 3 0/0, émission 1855. .	23,146,480	1,240,000	99,200
			295,358,822	14,724,995	1,138,000

Nouveau Réseau.

102,614 obligations Rhône-et-Loire 4 0/0 . (625).	51,307,000	2,565,350	150,000
63,643 — Rhône-et-Loire \			
86,000 — Bourbonnais.. \			
100,000 — — 1856. \ 656,586			
25,000 —• — 1857. } obligations } 193,246,104	9,848,590	787,903
25,000 — Grand-Central. \ 3 0/0.			
106,007 — — 1853-54. \			
250,936 — rachat du Central /			
65,200 — achat de Saint-Germain à			
Roanne (275)	17,930,000	978,000	78,240
283,864 — en négociation (275)	78,062,800	4,257,960	340,636
	340,545,904	17,149,900	1,356,779

CAPITAL POUR L'ANCIEN RÉSEAU.   **ANCIEN RÉSEAU.**

273,197,500 actions émises.	Intérêts . . . . . 14,724,995 \		
80,000,000 subventions.	Amortissement. . 1,438,000 /	15,862,995	
295,358,822 emprunts de l'ancien réseau.	**NOUVEAU RÉSEAU.**		
648,556,322	Intérêts . . . . . 17,149,900 \		
340,545,904 — du nouveau réseau.	Amortissement. . 1.356,779 /	18,506,679	
989,102,226		34,369,674	

A la fin de 1858, il aura été dépensé 534 millions sur l'ancien réseau ; les ressources réalisées étant de 648 millions 1/2, un excédant de 114,500,000 aura été employé sur le nouveau réseau. L'intérêt, conformément aux conventions et comme le dernier rapport l'explique suffisamment, profitera aux actionnaires. Les placements de fonds ayant, en 1857, produit 2,369,909 francs, produiront 4 millions de plus. Mais les recettes accusent déjà un déficit que la fin de l'année n'atténuera qu'en partie, et les frais répartis sur une plus longue étendue dépasseront le chiffre de l'an dernier. Si l'on admet que ces deux causes compensent l'excédant donné par les intérêts, le revenu net sera, comme pour 1857, de 30,800,000. Mais le diviseur étant de 693,000 au lieu de 577,500, le dividende de 53 fr. tombera à 44 fr.

Ce résultat, assez éloigné des espérances que le rapport a la témérité de faire concevoir, est exact à une faible différence en plus ou en moins près; comme il était facile à dégager, la Bourse l'a sanctionné par les cours auxquels elle s'est arrêtée.

Il importe maintenant d'étudier les produits probables de 1860, cet exercice-type qui doit régler les conditions et le prix de l'absorption du réseau de Genève.

Diverses sections du nouveau réseau seront en exploitation ; mais comme elles ne seront pas encore entrées dans le compte général, il n'y a pas à en tenir compte. L'ancien réseau tout entier, sauf 101 kilomètres formant l'embranchement d'Orchans et Mouchard à Bourg par Poligny, aura été exploité, soit 1,475 kilomètres.

L'année 1857 a donné sur 1231 kilomètres une recette moyenne de 62,234 francs 16 centimes; les sections ajoutées de Besançon à Belfort, Marseille à Toulon et Dôle à Chalon-sur-Saône, mesurant ensemble 244 kilomètres, diminueront-elles le rendement kilométrique ? Sans doute, mais dans une très-faible proportion, d'abord parce qu'elles fourniront un aliment au reste du réseau, ensuite parce que l'exercice 1857, qui sert de base à ces calculs, est très-mauvais et qu'on doit attendre beaucoup mieux de 1860.

On reste dans une sage réserve en estimant à 60,000 fr. les recettes brutes. La proportion de 40 0/0, pour les frais d'exploitation obtenus en 1857, est très-élevée ; loin de la dépasser, on devrait la réduire. En la maintenant, on obtient une recette nette de 36,000 fr., qui, multipliée par 1,475, nombre des kilomètres exploités, donne un produit brut de 52,100,000 fr.

Il a été expliqué plus haut qu'au 31 décembre prochain la Compagnie aurait dépensé 534 millions. Il aura fallu ajouter à ce chiffre, savoir : pour terminer les sections de

Belfort et de Toulon, 6 millions environ, et 19 millions et demi environ pour construire l'embranchement de Dôle à Chalon-sur-Saône. La dépense totale d'établissement, formée des sommes ci-dessus, s'élèvera à 559 millions et demi.

Le capital réalisé, comme il est dit plus haut, étant de 648 millions et demi, reste un excédant de 89 millions dont le nouveau réseau paiera l'intérêt à l'ancien. Les placements de fonds, étant évalués pour 1858 à 6,400,000 fr., seront d'environ 5 millions pour 1860.

Recette totale...................... 57,100,000 fr.

          A déduire :

Intérêt, amortissement des emprunts, droits de timbre et frais généraux, comme en 1857........................... 16,200,000

                 Reste........ 40,900,000

A déduire encore 3 0/0 pour la réserve.. 1,200,000

Net à distribuer.................... 39,700,000

Soit pour chacune des 693,000 actions, 57 fr. 25 c.

Nous avons exprimé notre opinion sur le réseau de Genève. Le rendement kilométrique, que nous prévoyons de 25,000 fr., répond, grâce au procédé de la majoration et de la réduction des frais, à un revenu net de 20 fr. par action ou de 1,600,000 fr. Moins de 29,000 actions Lyon-Méditerranée suffiraient, dans ce cas, pour acquitter le prix de l'absorption, et 80 actions Genève représenteraient 29 actions de la grande fusion.

Des idées plus favorables au Genève ont cours sur le marché ; bien que l'intérêt ou l'amour-propre les inspire peut-être, on peut leur faire des concessions et admettre que le rendement kilométrique, se fixant à un chiffre intermédiaire entre 25 et 30,000 fr., donnera un revenu tel, que le prix sera élevé à 40,000 actions et qu'un Genève vaudra un demi-Lyon.

Sur cette base, 40,000 actions étant données aux actionnaires de Genève, la Compagnie pourrait disposer de 67,000 actions, qu'elle vendrait certainement à raison de 700 fr. Ce serait une rentrée de 46,900,000 fr., qui, ajoutée aux 648,500,000 fr. relevés plus haut, porterait à 695,400,000 fr. l'ensemble du capital actions et des emprunts applicables à l'exécution de l'ancien réseau.

Cette opération, relativement secondaire, ainsi réglée, avant d'aborder l'entreprise dans son ensemble, examinons l'une des réclamations que la Compagnie peut former avec chance de succès.

Le ministère des travaux publics, nous en sommes convenu, avait prise sur la Compagnie ; mais n'a-t-il pas quelque peu abusé de ses avantages, et l'obligation de construire 3,772 kilomètres ne constitue-t-elle pas un fardeau trop lourd ?

Il est trois de ces concessions qui paraissent plus particulièrement onéreuses. L'embranchement de Roanne à Lyon par Tarare, de 80 kilomètres, coûtera 600,000 fr. au moins par kilomètre, et réduira le trafic sur la ligne de Saint-Étienne.

La ligne d'Avignon à Gap et à la frontière sarde, avec ses deux embranchements d'Aix et de Miramas, d'une longueur totale de 194 kilomètres, sera fort dispendieuse à établir. Quant au produit, il ne saurait qu'être inférieur à celui que donne en ce moment la section de Coutras à Pé-

rigueux, c'est-à-dire qu'il ne couvrirait pas les frais d'exploitation.

La ligne de Toulon à la frontière du Var, de 144 kilo·
mètres, est encore une source certaine de perte. On ne
peut admettre qu'elle soit aussi productive que celle de
Bordeaux à Cette, et réalisât-elle, comme cette dernière,
une recette brute de 20,000 fr. environ, la rémunération
serait insuffisante.

Si l'État rapportait ces diverses parties de la concession, ce serait-418 kilomètres en moins; mais il en
resterait 3,352, et la charge serait encore exorbitante. S'il
ne croit pas devoir aller jusqu'à une exonération pure et
simple, un délai assez long ne saurait être refusé. La force
des choses qui limite les émissions, et la nature même des
engagements qui remet à plusieurs années l'exécution de
certaines de ces sections, entraîneront un long retard.

Quant à nous, nous allons considérer l'atermoiement
comme concédé, et dans l'évaluation générale et finale de
l'entreprise, ne tenir compte que des 3,352 kilomètres qui
resteraient à exécuter.

A combien s'élèveront la dépense et les produits ? telles
sont les deux questions que nous nous efforcerons de
résoudre.

Dépenses. On a vu qu'à la fin de 1860, l'ancien réseau
terminé, sauf le double embranchement d'Orchans et Mouchard à Bourg par Poligny, ressort à 559,500,000 francs.
Estimant à 300,000 francs par kilomètre la construction
de cet embranchement, on a, pour 101 kilomètres, une dépense complémentaire de 30,300,000 francs ; ensemble,
589,800,000 francs.

Le réseau nouveau, à la fin de 1858, a entraîné une dépense de 315,500,000 francs, moyennant laquelle sont payés les objets suivants, savoir : 1° l'exécution entière des chemins entre Rhône-et-Loire (136 kilomètres, Lyon à Roanne par Saint-Étienne); du Guétin à Nevers et à La Palisse (112 kilomètres); et de Saint-Germain-des-Fossés à Brioude, 135 kilom.; 2° un versement de 2 millions, à valoir sur la subvention du réseau pyrénéen; 3° une dépense de 15 millions de travaux entre le Guétin et Moret, de 8,129,000 sur la section de Saint-Étienne à Brioude entre Saint-Étienne et Firminy, et de 1,500,000 sur l'embranchement de Privas. De plus, la remise à la Compagnie d'Orléans de 65,200 obligations faisant, à raison de 275 fr., 17,930,000 francs, a soldé le prix de la section de La Palisse à Roanne (22 kilom.). La section de Roanne à Lyon par Tarare étant écartée, il ne reste plus à compléter ou exécuter que celles de Moret à Nevers avec embranchement de Montargis à Corbeil, de Saint-Étienne à Brioude et l'embranchement de Vichy.

Ces faits établis, la dépense totale peut être évaluée de la manière suivante :

383 kilomètres.	Paiements effectués au 31 décembre 1858.	315,500,000
22 —	La Palisse à Roanne	17,930,000
220 —	Le Guétin à Moret, à 400,000 fr., 88 millions, moins 15 millions compris dans les 315,500,000 ci-dessus	73,000,000
95 —	Montargis à Corbeil, 400,000 fr.	38,000,000
162 —	St-Étienne à Brioude, à 300,000 francs, 48,600,000 fr., moins	
882	*Totaux à reporter.*	444,430,000

882	*Reports*............	444,430,000
	8,129,000 compris dans les	
	315,500,000 ci-dessus. . . .	40,471,000
6 —	Embranchement de Vichy . . .	1,599,000
888	Dépense totale du Bourbonnais . .	486,500,000

Il ne reste plus qu'à s'occuper des sections concédées le 11 avril 1857. Retranchant les lignes de Toulon au Var et d'Avignon à la frontière sarde avec ses embranchements, ce n'est plus que 693 kilomètres dont la dépense d'établissement peut être évaluée comme suit :

35 kilom.	Châtillon à Nuits, 200,000 fr. .	7,000,000
280 »	Nevers et Moulins à Chagny, 300,000 fr.	84,000,000
70 »	Mouchard aux Verrières, 300,000.	21,000,000
20 »	Pontarlier à Jougne, 400,000 fr.	8,000,000
22 »	Montbéliard à Delle et Audicourt, 200,000 fr.	4,400,000
209 »	Brioude à Alais, 500,000 fr. .	104,500,000
39 »	Privas à Crest, 400,000 fr. = 15,600,000, moins 1,500,000 fr. payé en 1858.	14,100,000
17 »	Carpentras à Sorgues, 200,000 f.	3,400,000
	Total . . .	246,400,000

Si l'on ajoute :

La dépense du Bourbonnais	486,500,000
Celle de l'ancien réseau	589,800,000
Le solde de la subvention au réseau pyrénéen	14,000,000
Prêt à la Compagnie de Genève. . . .	15,500,000
Intérêts durant la construction. . . .	20,800,000
Dépense totale	1,373,000,000

On peut se rendre plus aisément compte de la recette.
1° L'ancien réseau, qui, en 1857, a rendu 62,234 fr. par
kilomètre sur 1231 kilomètres, ne donnera certainement
pas moins, bien que porté à 1,576 kilomètres. 2° La partie
du chemin du Bourbonnais qui forme un second chemin de
Paris à Lyon, sera également très-productive. Sur les
490 kilomètres de Moret à Lyon et les 95 kilomètres de
Montargis à Corbeil, on doit espérer 60,000 fr. 3° Toutes
les autres sections, sauf peut-être les 90 kilomètres de
Mouchard aux Verrières et à Jougne, et les 17 kilomètres de Carpentras à Sorgues, sont assurés d'un trafic im-
portant. On ne peut être accusé d'exagération en pré-
voyant sur l'ensemble de ces sections un rendement de
30,000 fr.

La recette brute sera donc calculée comme suit :

1576 kilom.	ancien réseau . . .	62,000	97,712,000
585 »	Bourbonnais. . . .	60,000	35,100,000
1014 »	Autres sections . .	30,000	20,420,000
3175			
235 »	Genève	30,000	6,750,000
	Recette brute . . .		159,982,000

En 1857, la Compagnie d'Orléans, sur une recette
brute de 44,818 fr. par kilomètre, n'a dépensé que
35 71 0/0. Sur le réseau de Lyon et Méditerranée, la
recette brute du même exercice étant de 62,234, la dépense
s'élève à 39 60 0/0. Un résultat aussi contraire à toutes
les idées reçues n'a pu se produire que parce que la seconde Compagnie est beaucoup plus mal exploitée que la
première. Il n'en pouvait être autrement: à Lyon, l'organisation primitive est due aux ingénieurs; à Orléans, où

l'élément commercial a dominé, le service a été installé plus économiquement et n'a pas moins valu.

Une amélioration sous ce rapport est inévitable, et l'on peut calculer la proportion des frais à 35 0/0 sur les recettes de 62 et 60,000 fr., et à 45 0/0 sur les recettes de 30,000 fr. Ce serait d'une part 46,450,200 fr. et de l'autre, 13,009,500 fr.; ensemble, 59,459,700 fr. à déduire pour dépenses d'exploitation.

La dépense de premier établissement est arrêtée à 1,373,000,000 francs. Les subventions y concourent pour. 80,000,000

Les actions avaient produit avant 1857 et après 1860, pour la vente présumée de 67,000 titres, à 700 fr. 273,197,500

  46,900,000

Les emprunts des anciennes Compagnies de Lyon et de la Méditerranée auront procuré 295,358,822

Ceux émis ou en émission au 31 décembre 1858 340,545,904

Il aura donc fallu emprunter, pour faire face à tous les paiements 336,997,774

Total égal . . . 1,373,000,000

Pour compléter le dernier solde, il aura fallu, sur le pied de 275 fr., émettre 1,225,490 obligations, pour lesquelles l'annuité comprenant l'intérêt, l'amortissement et le timbre, s'élèvera au chiffre de 19,852,938

Intérêts, amortissement, comme au tableau 34,369,674

Droit de timbre auxdits emprunts . . . 529,588

Annuité des deux emprunts de Genève. 2,257,800

Total pour les intérêts à reporter. 67,000,000

$$\text{Report.} \quad \ldots \ldots \quad 67{,}000{,}000$$

Plus, dépenses d'exploitation 59,459,700

Part d'Orléans dans le produit du Bour-

bonnais. 2,000,000

Total des charges. 128,459,700

La recette brute étant de 169,982,000 fr., le revenu net serait réduit à 41,522,300 fr., ce qui représenterait par chacune des 800,000 actions un dividende de 51 fr. 65.

Ce résultat, moins brillant qu'on ne le suppose, peut être modifié en bien ou en mal par plusieurs causes.

1° Notre opinion est que le réseau de Genève ne rendra guère que 25,000 fr. par kilomètre en 1860; si l'événement la justifie, 29,000 actions suffiront à le solder. La Compagnie de Lyon épargnerait 11,000 actions, représentant 7,700,000 fr., qu'elle aurait à emprunter en moins. Des diverses éventualités à prévoir, c'est la seule qui soit favorable.

2° Quelle que soit la durée des retards accordés ou consentis, il faudra finir par exécuter, et l'embranchement de Roanne à Lyon par Tarare, et la ligne d'Avignon à la frontière sarde, et celle de Toulon au Var. Le premier peut coûter 50 millions, la seconde 45 millions, et la troisième 45 millions aussi; ensemble 140 millions qui, levés à 6 0/0, ajoutent aux charges anciennes une charge de 10,200,000.

Les produits ne répondent pas à la dépense. Ceux de la ligne sur la frontière sarde ne figurent que pour mémoire; on ne saurait attendre plus de 1,700,000 fr. de la ligne sur la frontière du Var, et 1 million de l'embranchement par Tarare; tout ce que ce dernier pourra rendre en sus étant obtenu au détriment du chemin de Saint-Étienne ou de la Bourgogne. La perte annuelle serait donc de 7,500,000 fr., ou de plus de 9 fr. par action.

3° En communiquant aux assemblées générales de 1857 la convention du 11 avril, les Conseils firent espérer que les sections nouvelles obtiendraient une garantie de 5 0/0, prise éventuellement sur le produit des partages au delà de 8 0/0 revenant à l'État, à propos des anciennes concessions. Le décret du 7 juin suivant a fait évanouir cet espoir; il est de plus certains articles des conventions dont une interprétation rigoureuse pourrait n'être pas sans danger. Mais outre que l'examen de cette question excéderait les bornes de cet ouvrage, il est inutile d'insister. Le département des travaux publics a retiré assez d'avantages des derniers traités, et l'on peut compter qu'il se montrera désormais plus conciliant.

Les calculs qui précèdent ne reposent pas sur des études certaines; ce sont des approximations consciencieuses dans lesquelles les charges ont été plutôt aggravées et les avantages diminués. Toutefois, que vaut un revenu actuel de 44 fr. environ, susceptible de s'élever, en sept ou huit années, à 55 et peut-être 60 fr.? Avec les idées qui dominaient il y a quelques jours, les cours étaient assez exactement établis.

CHEMIN DE FER DES ARDENNES.

C'est en juillet 1853, époque de la plus grande faveur des entreprises des chemins de fer, que la Compagnie a pris naissance. Une certaine prudence présida cependant à ses commencements : diverses sections n'étaient acceptées qu'aux conditions de la loi de 1842, c'est-à-dire que l'exécution des travaux d'art et des terrassements y était laissée à la charge de l'État.

Cette condition est aujourd'hui abandonnée, et voici, à la suite d'échanges et d'extensions obtenus à diverses époques, en quoi consiste le domaine de la Compagnie.

	Longueur kilom.
Reims à Laon	52
— à Charleville et Sedan.	106
Charleville à Givet	67
Sedan à Thionville	115
Longuyon à Longwy	20
Reims à Soissons.	60
Longueur totale	420

Le rapport présenté à l'assemblée du 30 avril évalue la dépense d'établissement à 130 millions. 84,000 actions émises et 42,000 à émettre fourniront 63 millions; le surplus, 67 millions, sera levé par voie d'emprunt.

26,777 obligations 3 0/0 émises ont produit   6,711,200

219,232   —   sur le pied de 275 fr.

devront être créées pour combler

la différence 60,288,800

246,009   obligations 67,000,000

A raison de 16,20 par obligation, l'annuité, comprenant l'intérêt, l'amortissement et les droits de timbre desdites obligations, doit être fixée à la somme de 3,986,345 fr. 80.

La dépense d'établissement ne dépassera-t-elle pas la limite posée par le dernier rapport? C'est une question vitale que les travaux, trop peu avancés, ne permettent pas de résoudre. Réserve faite des modifications que des imprévisions trop ordinaires en pareille matière pourraient apporter au résultat final, on adoptera le chiffre de 130 millions posé par le Conseil d'administration.

En supposant la construction exécutée aussi heureusement qu'on peut le désirer, l'entreprise n'en serait pas moins ruineuse, si la Compagnie devait conserver et exploiter sa concession. Elle a eu la rare fortune de signer avec l'Est un traité de fusion conforme de tous points à celui que le réseau de Genève a passé avec la Compagnie de la Méditerranée, et c'est sous ce rapport que son avenir doit être dégagé.

Les sections détaillées plus haut n'ont pas toutes la même valeur. Celles de Reims à Laon et à Soissons, 112 kilomètres, seront les plus productives ; celle de 106 kilomètres, de Reims à Charleville et à Sedan, le sera un peu moins, et l'infériorité sera plus forte encore sur les 202 kilomètres qui complètent le réseau.

L'une des meilleures sections, celle de Reims à Laon,

est en exploitation depuis la fin d'août dernier; qu'a-t-elle rendu? Laissant de côté les derniers mois de 1857, on voit que du 1ᵉʳ janvier au 3 juin la recette pour vingt-deux semaines s'élève à 416,500 fr., soit par kilomètre et par an à 18,231 fr.

Une amélioration est inévitable; mais comme il ne s'agit ici que de voies secondaires, on ne peut arrêter bien haut ses prévisions. Voici quels seraient les résultats dans les trois hypothèses ci-après :

Recette par kilomètre	20,000	25,000	30,000
Majoration 36 0/0	7,200	9,000	10,800
Total par kilomètre	27,200	34,000	40,800
Frais d'exploitation, 40 0/0 à déduire	10,880	13,200	16,320
Net par kilomètre	16,320	20,800	24,480
Total pour 420 kilomètres	6,854,400	8,736,000	10,281,600
Intérêt des emprunts à déduire	3,986,345	3,986,345	3,986,345
Net pour les actions	2,868,055	4,749,655	6,295,255
Par action	23 55	37 45	50

CHEMIN DE FER DE L'EST.

Le tableau suivant, dans lequel chaque section est placée d'après l'ordre suivant lequel elle est venue s'adjoindre à l'exploitation, indique avec clarté la longueur kilométrique et l'origine des lignes diverses et des embranchements qui forment le domaine de la Compagnie de l'Est :

		LONGUEUR		
Date des concessions.		Totale.	—	Exploitée
25 novembre 1845.	Paris à Strasbourg.	502	—	502
	Épernay à Reims	30	—	30
	Frouard à la frontière prussienne.	119	—	119
25 mai 1852. . . .	Metz à Thionville et à la frontière.	46	—	30
		697	—	681
20 avril 1854 . . .	Wenderheim à Wissembourg . . .	57	—	57
	Strasbourg à Bâle.	139	—	139
	Lutterbach à Thann.	14	—	14
	Strasbourg à Kehl.	3	—	»
		910	—	891
17 avril 1853 . . .	Noisy à Mulhouse	482	—	482
	Flamboin à Montereau.	38	—	38
	Ormes à Provins (8), Coulommiers (32).	40	—	»
	Blesme à Gray. 180			
	Moins la partie commune à la ligne de Noisy à Mulhouse 25			
		155	—	155
	Nancy à Vesoul.	189	—	74
	Paris à Vincennes	17	—	»
1858 . .	Châlons au camp	26	—	26
		1,857	—	1,666

La dépense totale étant évaluée, comme il sera dit plus tard, à 650 millions, il convient de faire voir comment cette somme a été ou sera réalisée, et de fixer le montant exact des charges annuelles à payer par la Société.

						ANNUITÉ		TOTAL
						Pour intérêt. 5.000.000	Pour amortissement et timbre.	de l'annuité.
Subventions de l'État					3.000.000			
Ancien Réseau.								
Actions, 250,000, ancien réseau					125.000.000			
EMPRUNTS.								
1852.	60,000	obligations.		4 0/0 . . 25 fr.	30.000.000	1.500.000	90.000	1.590.000
	165	—	Mulhouse à Thann	» . . 50	165.000	8.250	495	8.745
	2,775	—	de Strasbourg à Bâle.	» . . 50	3.052.500	152.675	11.100	163.775
	62,828	—	rachat de Bâle.	» . . 25	31.414.000	1.570.700	94.242	1.664.942
	20,000	—	émission de Bâle	» . . 25	10.000.000	500.000	30.000	530.000
		Prêt de l'État à la Compagnie de Bâle (12,600,000 fr. à rembourser en 41 annuités avec intérêt, à partir du 8 mai 1857, soit 6 1/2 0/0 du capital)			mémoire.	813.000	»	813.000
					202.631.500	9.544.625	225.837	9.770.462
Nouveau Réseau.								
	3,293	obligations	Montereau à Troyes.	4 0/0 . . 50 fr.	3.293.000	152.675	14.172	166.847
	16,000	—	rachat de Gray.	» . . 25	8.000.000	400.000	24.000	424.000
1854.	125,000	—	(émises à 480 fr.)	» . . »	60.000.000	3.125.000	187.500	3.312.500
1856.	105,000	—	(émises à 477 fr. 50).	» . . »	50.137.500	2.625.000	157.500	2.782.500
	252.000	—	(émises à 270 fr.)	3 0/0 . . 15 fr.	68.040.000	3.780.000	306.000	4.086.000
1857.	85,000	—	(émises à 260 fr.)	» . . »	22.100.000	1.275.000	102.000	1.377.000
1858.	141,000	—	(à la Banque, 275 fr.)	» . . »	38.000.000	2.115.000	169.200	2.284.200
1858—1859.	264,720	—	(à émettre pour le complément du capital.		72.798.000	3.970.800	317.664	4.288.464
		Actions du nouveau réseau.			125.000.000	5.000.000		
					650.000.000	31.988.100	1.503.873	33.491.973

L'ancien réseau, d'après le tableau qui précède, semble-
rait ne ressortir qu'à 202,631,500 fr. ; les derniers rapports constatent qu'il a nécessité diverses dépenses sup-
plémentaires et complémentaires, s'élevant à 50 millions,
qui ont été empruntés au réseau nouveau. La dépense
d'établissement se répartit donc en réalité comme suit :

Pour l'ancien réseau.	252,631,500
Pour le nouveau réseau	397,368,500
	650,000,000

Les intérêts doivent être répartis dans la
même proportion, ce qui met à la charge

de l'ancien réseau.	12,770,462
Et du nouveau.	20,721,511
Total	33,491,973

Il convient maintenant de faire connaître les recettes et
les dépenses des deux derniers exercices.

	1856. Longueur exploitée 894 kilom.	**1857.** Longueur 1,398 réduite en moyenne à 1,256 kilom.
Dépenses d'ordre.	1,213,849 52	1,194,791 56
— d'exploitation	16,422,752 80	21,076,528 86
Intérêts, amortissement des emprunts. . .	4,511,800 »	5,223,613 88
Caisse des retraites et réserve	785,792 57	619,000 66
Reliquat à nouveau	5,058 92	11,012 58
	22,939,253 81	28,124,947 54
Distribué 74 fr. à 250,000 actions. . . .	18,500,000 »	
Distribué 40 fr. 65 c. à 500,000 actions .		20,325,000 »
RECETTES BRUTES.	41,439,253 81	48,449,947 54
Proportion de la dépense d'exploitation..	40 1/4	44 3/4

La Compagnie de l'Est a récemment été accusée de réduire abusivement l'importance des sommes à défalquer pour intérêts. Quoi qu'aient répondu ses défenseurs officieux, et malgré les explications dans lesquelles entre le rapport du 27 mai, l'accusation doit paraître fondée. On vient de voir que les intérêts à la charge de l'ancien réseau se portent à 12,770,462 fr., et ceux du nouveau réseau à 20,721,511 fr.

Pour obtenir la totalité des intérêts légitimement dus désormais par un exercice, il conviendra d'ajouter aux 12,770,462 fr. une fraction des 20,721,511 fr. ci-dessus, proportionnelle à la partie du nouveau réseau entrée en exploitation.

Les trois quarts et plus du nouveau réseau étant aujourd'hui exploités, l'exercice 1858 devra les intérêts suivants :

Intérêts de l'ancien réseau............ 12,770,462 fr.
Les trois quarts de 20,721,511, soit..... 15,541,125
Total. 28,311,587

Malgré l'extension de l'exploitation, la recette des vingt-trois premières semaines ne donne, sur 1857, qu'une augmentation de 2,125,960 fr. Dans la proportion, ce serait, pour l'année entière, moins de 5 millions. Admettons cependant 3 millions en sus et, par suite, une recette brute totale de........................ 56,000,000 fr.

Il faudra distraire, savoir :

Dépenses d'ordre, comme en
  1857............... 1,200,000
45 0/0 de frais, comme en
  1857............... 25,200,000
Intérêts comme il vient d'être
A reporter..... 26,400,000 56,000,000 fr.

$$Reports.... \quad 26,400,000 \quad 56,000,000 \text{ fr.}$$

dit................... 28,311,587

Caisse de retraite et réserve.. 288,413

$$55,000,000 \text{ fr.}$$

Reste net......... 1,000,000

De sorte que les actions, en sus de l'intérêt à 4 0/0, auront à toucher 2 fr., en tout 22 fr.

La Compagnie de l'Est est réellement trop sobre de renseignements statistiques, et comme, dans ses bureaux, on ne répond pas aux questions posées par les actionnaires, il serait tout à fait impossible de tirer des résultats acquis aucune induction pour arriver aux résultats futurs, si le besoin de la discussion ne l'avait forcée de donner, dans le rapport du 27 mai, une indication qui atteindra le but proposé.

En 1857, pour une exploitation moyenne de 1,256 kilomètres, la recette brute s'élève à 48,449,947 fr.; mais la majeure partie de cette somme, 41,128,819 fr., est fournie par trois sections de l'ancien réseau, la ligne de Paris à Strasbourg et les embranchements de Reims et de Frouard, mesurant ensemble 651 kilomètres.

Le surplus de l'exploitation, composé de l'embranchement de Thionville, 30 kilom.; de l'ancien réseau de Bâle, 210 kilom., et de diverses sections du nouveau réseau, 365 kilom., en tout, 605 kilom., n'a produit brut que 7,321,128 fr., soit par kilom. 12,101 fr.

De ces faits, que conclure pour l'avenir? Les 651 kilom. qui en 185, exercice assez médiocre, ont rendu au delà de 65,000 fr., sont évidemment susceptibles d'amélioration. On n'exagère rien en espérant qu'ils rendront 70,000 fr.

La concession comprenant ensemble 1,857 kilom., il reste 1,206 kilom. formant plusieurs lignes et embranchements de valeurs diverses qu'il s'agit d'apprécier. L'an dernier, 605 kilom. n'ont donné que 12,101 fr.; mais la plus longue étendue était récemment ouverte à la circulation, et la communication directe de Paris à Mulhouse n'était pas obtenue. Il faut donc s'attendre à d'importants accroissements, et l'on peut prévoir, pour les 1,206 kilom., un rendement moyen de 25,000 fr.

Pour les frais d'exploitation, la Compagnie de l'Est laisse beaucoup à désirer. Il lui sera facile d'en abaisser la proportion à 35 0/0 sur les sections estimées devoir rendre 70,000 fr.; mais sur les autres, dont la recette n'ira qu'à 25,000 fr., elle ne saurait dépenser moins de 50 0/0.

Sur ces données, on peut établir le compte final comme suit :

RECETTES.

651 kilom.	70,000	45,570,000
1,206 —	25,000	30,150,000
Total.		75,720,000

DÉPENSES.

Sur 45,570,000 fr., 35 0/0.	15,949,500
Sur 30,150,000 fr., 50 0/0.	15,075,000
Intérêts des emprunts. . . .	23,491,973
Caisse de retraite, réserve. .	203,527
	54,720,000
Net.	21,000,000
Par action.	42 fr.

L'adjonction du réseau des Ardennes affaiblira ce résultat. Sur la majoration et les frais d'exploitation, la perte ne saurait être évaluée au-dessous de 10,000 fr. par kilom., soit pour 420 kilom. 4,200,000, ou 8 fr. 20 c. par action.

Quelques considérations rétrospectives termineront cette étude. Par décret du 25 mai 1852, la Compagnie de Strasbourg, moyennant l'engagement qu'elle prenait d'exécuter à ses frais un court embranchement sur Thionville et la frontière de Luxembourg, obtenait une prorogation qui portait la durée de sa jouissance à 99 ans. Après bien des traverses, elle était arrivée au terme de ses travaux ; là devait se borner son ambition.

L'extrait du rapport du 27 mai cité plus haut montre à quel point de prospérité elle serait aujourd'hui parvenue.

Les trois sections anciennes ayant, comme il a été dit, produit 41,128,819
et n'estimant l'embranchement de Thionville que pour 601,181

La recette brute serait de. . . 41,730,000

Il n'y aurait à déduire que 16,692,000 pour frais d'exploitation calculés à 40 0/0 (probablement cette proportion ne serait pas atteinte), et 1,590,000 pour intérêts et amortissement de l'emprunt contracté en 1852. Le revenu net s'élèverait donc à 23,448,000 fr., et, distraction faite de réserves diverses, à 23 millions, soit pour chacune des 250,000 actions anciennes, 92 fr.

Au lieu de se maintenir dans cette réserve salutaire, on a préféré, en 1853, prêter l'oreille aux propositions captieuses de spéculateurs qui, ayant acheté les actions de Montereau à Troyes, sont venus, à l'appui d'une combinaison qui

4

devait relever ces actions au pair, présenter aux administrateurs et aux actionnaires des devis atténués et de vaines menaces de concurrence. En 1854, on a consenti à racheter au-dessus de sa valeur intrinsèque le réseau de Strasbourg à Bâle. Enfin on a pris avec les Ardennes des engagements non moins onéreux. Encore une acquisition, et les actionnaires sont complétement ruinés.

CHEMIN DE FER DU NORD.

Ancien Réseau.

		LONGUEUR	
		Totale.	Exploitée.
1845	— Paris à Lille et à Mouscron	286	286 k.
1857	— Paris à Beauvais, par voie d'échange. .	36	36
1845 — 1852	— Creil à Saint-Quentin et Erquelinnes . . .	189	189
1852	— Tergnier à Laon.	28	24
»	— Amiens à Boulogne et Saint-Valéry . . .	129	129
1853	— Douai à Quiévrain.	48	48
1852	— Somain à Busigny.	49	8
1845	— Lille à Calais. — Hazebrouck à Dunkerque.	145	145
1853	— Saint-Denis à Creil	43	»
	»	953	869

Nouveau Réseau.

1857	— Paris à Soissons et Villers au Port-aux-Perches.	112	0
	— Amiens à Rouen.	120	
	— Royes à Tergnier	71	»
	— Boulogne à Calais et Marquise	43	»
	— Houillères du Pas-de-Calais.	84	»
	— Saint-Ouen à Pontoise.	3	»
	— Argenteuil à Erment.	5	»
	— Chantilly à Senlis	11	»
	Totaux à reporter.	1,404	878

Reports.	1,404	878

Concessions en Belgique.

— Erquelinnes à Charleroi	29	
— Namur à Liége	52	81
Total.	1,485	959

A ces lignes, dont le détail est énoncé sans autre préliminaire, il conviendrait d'ajouter :

Un chemin de Soissons à la frontière de Belgique par Laon, Vervins et Hirson ;

Un chemin partant de Busigny ou Landrecies et aboutissant sur la ligne précédente ;

Un chemin de Senlis vers un point de la ligne de Paris à Soissons ;

Un prolongement du chemin de Creil à Beauvais vers un point de la ligne de Paris à Dieppe.

Mais ces concessions, que la convention du 21 juin 1857 n'accorde que sous certaines réserves et conditions, n'étant pas encore définitives, il n'en sera question que pour mémoire.

L'ancien réseau est en exploitation, sauf deux lacunes, dont l'une de Lourches à Busigny, de 41 kilomètres, sera comblée en juillet prochain. Il en aurait été de même de la seconde, sans les limitations de dépenses imposées par l'administration supérieure. L'ouverture en est ajournée au printemps prochain.

L'exécution du nouveau réseau paraît devoir être répartie sur six années, après lesquelles on songera sans doute aux concessions éventuelles. On voit que le compte d'établissement ne sera pas fermé de sitôt, nécessité fâcheuse qui déprime fortement le taux de capitalisation.

Au 31 décembre, la dépense d'établissement tout entière

affectée, sauf 425,000 francs employés aux concessions de 1857, à l'exécution de l'ancien réseau, se portait à 375 millions, et 25 millions, autant qu'il est permis de risquer une évaluation, étaient encore nécessaires pour arriver à parfait achèvement.

A la même époque, il avait été réalisé, savoir :

	Capital primitif, 400,000 act. à 400 fr.	160,000,000
	Versement, 200 fr. sur 125,000 act. nouvelles	25,000,000
	2,363 obligations à 4 0/0, de Boulogne .	1,181,550
75,000	— 3 0/0 (rachat de Boulogne, ...	37,500,000
450,000	obligations 3 0/0, émises en 1852, 1853, 1854, 1855, 1856 et 1857, ayant produit	134,394,194
525,000	Total.	358,075,744

Retranchant les versements des actions nouvelles qui appartiennent au réseau nouveau, les ressources réalisées afférentes à l'ancien sont réduites à 333 millions. Il conviendra donc d'emprunter 67 millions, c'est-à-dire d'émettre sur le pied de 280 fr. 239,285 obligations 3 0/0, qui, ajoutées aux 525,000 obligations déjà mentionnées, forment un total de 764,285 obligations, dont l'annuité, comprenant l'intérêt et l'amortissement à raison de 16 fr. 20 c., doit être calculée à 12,381,417

Intérêt et amortissement de l'emprunt de Boulogne. 118,583

Total de l'annuité 12,500,000

Le nouveau réseau, d'après les déclarations faites aux

actionnaires, doit ressortir à 110 millions. Mais il faut de plus 24 millions, afin de restituer au capital primitif l'amortissement distrait depuis longtemps de sa destination. La dépense totale est donc de 134 millions.

L'émission de 125,000 actions à 735 fr. procurant 71,875,000 fr., il ne restera plus que 62,125,000 fr. à emprunter. Cet emprunt entraînera l'émission de 221,875 obligations 3 0/0, et l'annuité sera de 3,594,275 fr.

Les sections à terminer ou à construire ne sauraient, sous le rapport de la recette brute, être réputées inférieures à la moyenne des sections exploitées en 1857, et les frais n'y seront pas plus considérables.

En 1857, 817 kilomètres ayant produit 61,555 fr. et coûté 37 fr. 74 c. 0/0 pour frais d'exploitation, on peut admettre le résultat définitif ci-après :

RECETTE.

1404 kilomètres, 61,000. . . 85,644,000

· DÉPENSE

D'exploitation, 38 0/0. . . . 32,544,720

AMORTISSEMENT DES EMPRUNTS.

Ancien réseau. 12,500,000
Nouveau réseau. 3,594,275

48,638,995

Revenu net. 37,005,005

Pour chacune des 525,000 actions au delà de 70 fr., les calculs sont très-modérés et tout fait espérer qu'ils seront dépassés.

La proportion des frais à la recette brute, plus satisfai

sante que sur l'Est et le Lyon, laisse pourtant à désirer. Elle est de 0,3774 sur 61,555, tandis qu'Orléans, sur 44,000, ne dépense que 35 0/0. On doit compter sur une amélioration.

La Compagnie est concessionnaire en Belgique de deux embranchements qui ne figurent pas dans le compte ci-dessus. Jusqu'à présent le produit avait été négatif, mais d'assez grands progrès s'y sont récemment manifestés. Ils finiront probablement par contribuer dans une certaine mesure à augmenter le dividende. Mais la médiocrité des résultats ne justifie pas le silence absolu du rapport sur cette exploitation. Les faibles recettes sont aussi bonnes à étudier que les plus abondantes, et d'ailleurs un Conseil doit un compte complet de sa gestion ; il serait donc à propos que cette omission fût réparée.

En résumé, la situation est excellente, et pourvu que l'achèvement des travaux n'amène aucun mécompte, l'avenir est assuré.

Un mot avant de finir sur les documents statistiques très-intéressants publiés par la Compagnie. La recette brute moyenne de 61,555 francs se répartit inégalement sur les diverses sections exploitées.

		Produisent	et dépensent.
161 kilom.	Paris à Amiens et Beauvais.	135,000	0,324
192 —	Amiens aux frontières de terre.	74,600	0,328
142 —	Lille à Calais et à Dunkerque.	24,600	0,575
198 —	Creil à Erquelinnes et à Laon.	38,000	0,445
124 —	Amiens à Boulogne. . .	25,600	0,575

Le rachat du chemin d'Amiens à Boulogne a-t-il été fait à d'équitables conditions? c'est une question qu'il est facile de résoudre.

La recette brute étant de. 3,180,000
Et la dépense, à raison de 14,810 par kilom. 1,836,440

Reste net. 1,343,560

Les actionnaires de Boulogne ont reçu 75,000 obligations dont l'annuité, comprenant l'intérêt à 15 fr. et l'amortissement, s'élève à . . . . 1,215,000 f.

L'intérêt de 2,363 obligations de Boulogne ajoute une charge annuelle de. . . . 118,150

Total des charges. . . 1,333,150 f.

Pouvait-on désirer un résultat plus satisfaisant, et acquéreurs et vendeurs n'ont-ils pas à se féliciter de l'opération?

La critique que nous avons dirigée contre les traités de fusion du Genève et des Ardennes est justifiée par ces chiffres. Comment l'Est et le Lyon, dont l'exploitation est plus dispendieuse, ont-ils pu réduire à 40 0/0 la dépense de réseaux qui ne rendront que 25 à 30,000 fr. par kilomètre, quand le Nord dépense 57 1/2 0/0 dans le premier cas et 45 dans le second?

CHEMINS DE FER DE L'OUEST.

C'est de la réunion des concessions accordées à six Compagnies distinctes que s'est formée, en 1855, la grande Compagnie de l'Ouest et du Nord-Ouest. Sans entrer dans un examen trop minutieux des clauses du traité, il est bon de relever l'injustice flagrante dont une des parties a été la victime. Nous n'aurons qu'à copier, en les abrégeant, deux articles publiés le 4 avril 1857 et le 10 avril 1858, par le journal du *Crédit public*.

Pourquoi la Compagnie de l'Ouest, après avoir, en 1855, distribué 50 fr , ne donne-t-elle pour 1856 que 40 fr. ? La diminution, d'après le rapport, est attribuée à trois causes :

1° En 1855, les intérêts des emprunts portés au débit de l'exploitation ne s'élèvent qu'à 4,891,784 fr., tandis qu'ils atteignent en 1856 au chiffre de 8,582,596 fr.; différence en plus, 3,690,812 fr.

2° Le décime sur les transports à grande vitesse perçu en 1855 durant six mois, a frappé la totalité de l'exercice 1856.

3° Bien que les produits aient progressé sur les lignes de Rouen, du Havre et de Dieppe, la recette la plus rémunératrice, celle des voyageurs, y a fléchi. De plus, ces voies arrivées à un état de vétusté plus avancé, ont nécessité certains travaux de réfection.

L'excédant des recettes brutes (5,941,643 fr.) réalisées en 1856, compensant et au delà l'effet des deux dernières causes, il est clair que la réduction provient uniquement de la première.

Est-il rien qui justifie l'énorme surcharge (3,690,812 fr.) qui, d'un exercice à l'autre, a grevé le compte d'exploitation? Nullement ; il n'a été livré à la circulation que 70 kilomètres, et durant peu de mois. La dépense, à raison de 150,000 fr. par kilomètre, est de 10 millions environ. Si l'on ajoute, pour achat de matériel et travaux sur les sections exploitées, une somme égale, on obtient un total de 20 millions. L'intérêt de ce total, un peu plus d'un million, voilà tout ce qui aurait dû être ajouté aux 4,891,784 fr. payés en 1855.

En 1855, le chiffre des intérêts portés au débit de l'exploitation aurait-il été atténué? Quel serait le motif de cette inexactitude? Un fait qu'il convient d'établir d'abord donnera, avec le dernier degré d'évidence, la réponse à ces deux questions.

Lorsque les lignes de Normandie et de Bretagne ont été fusionnées, la Compagnie de l'Ouest proprement dite a été sacrifiée complétement. Elle est entrée dans l'association pour son revenu actuel, sans avoir égard à l'extension des recettes futures. On n'a pas tenu compte, en admettant les lignes de Saint-Germain, Rouen et le Havre, d'une part, que leur recette de 1855 était grossie d'une manière anormale par le fait de l'exposition universelle, et d'autre part, que l'infériorité et la vétusté de leur construction entraîneraient des travaux qui grèveraient d'autant les dividendes futurs.

La concession de l'Ouest comprenait deux parties distinctes : les deux chemins de Versailles, et une ligne de Viroflay à Rennes avec embranchement du Mans à Mézidon.

Les chemins de Versailles, rachetés moyennant une annuité de 1,19),000 fr., ont rendu net : 1,444,679 fr. en 1853; et 1,214,520 fr. en 1854; soit, déduction faite de l'annuité, un bénéfice de 244,679 et 24,520. C'était la partie onéreuse de la concession.

L'artère principale sur Rennes avec l'embranchement pour la portion des dépenses à la charge de la Compagnie, devait, d'après le rapport du Conseil, ressortir à 60 millions; savoir : 35 millions en 70,000 actions émises, et 25 mil ions en obligations, dont 17,500,000 fr. émis au moment de la fusion. Les produits des sections exploitées en 1853 et 1854, joints aux bénéfices réalisés sur les deux rives, avaient permis de distribuer comme dividende d'abord 21 fr. et ensuite 26 15.

En 1855, premier exercice de la fusion, la recette brute sur la ligne de Rennes s'élève à 7,945,277

Si l'on retranche 45 0/0 pour frais d'exploitation 3,556,250

Intérêt, amortissement de l'emprunt. 962,500 4,518,750

Reste net. . . . 3,426,527

Mais l'exposition universelle, si favorable à la circulation de la banlieue, a dû influer favorablement sur les deux chemins de Versailles dont la recette, confondue avec celle de Saint-Germain et du bois de Boulogne, ne peut être relevée exactement. On doit admettre qu'ils ont rendu un peu plus qu'en 1853, soit 273,473. Le bénéfice total est donc de 3,700,000, soit un dividende de 52 85 par chacune des 70,000 actions.

Les comptes présentés aux dernières assemblées géné-

rales donnent le moyen d'établir quel aurait été pour
1856 et 1857 le dividende de l'ancien Ouest, s'il n'y avait
pas eu de fusion.

	1856	1857
Recette brute de Paris à Laval. . . .	9,786,360	11,052,798
Recette brute sur l'embranchement d'Alençon.	349,400	518,243
Totaux.	10,135,760	11,571,041
A déduire :		
Frais d'exploitation, 45 0/0.	4,556,602	5,206,968
Intérêt des emprunts.	962,158	964,073
Totaux.	5,518,740	6,171,041
Reliquats nets.	4,607,000	5,400,000
Et pour chacune des 70,000 actions.	65 80 et	77 10

sans tenir compte des deux chemins de Versailles.

On voit, ajoute le *Crédit public*, dans quelles conjonc-
tures la Compagnie fusionnée a fixé son premier dividende :
d'un côté, 70,000 de ses actions étaient assurées d'un revenu qu'on ne pouvait leur refuser ; et, de l'autre, les résultats réels étaient insuffisants pour traiter sur le même
pied les 300,000 actions. On a tourné la difficulté, et c'est
ainsi qu'on a pu former le dividende de 50 fr. par action
pour l'exercice 1855. La fusion, dont on n'avait plus à
dissimuler les conséquences onéreuses pour l'ancien Ouest,
étant un fait accompli, on s'est, en 1856, rapproché de la
vérité, etc.

Les actionnaires de l'ancien Ouest auraient eu, en 1856,
65 fr. 80 ; et, en 1857, 77 fr. 10 : ils n'ont trouvé dans
la fusion que 40 fr. et 37 50. Il est bon de montrer à
quoi ils pouvaient prétendre quand l'achèvement des travaux aurait fait jouir la Compagnie de la plénitude de sa
concession. Le compte doit être établi comme suit ;

RECETTES.

Paris à Rennes, 373 kilom. à 35,000. 13,055,000
Mans à Mézidon, 143 kilom. à 20,000. 2,860,000

Total. 15,915,000

Frais d'exploitation, 45 0/0 = 7,061,750
Intérêt : amortissement sur
    un emprunt de 25 millions = 1,373,250   8,445,000

Reste net 7,470,000

Par action : 106 fr. 25.

Tels étaient les avantages assurés aux actionnaires de l'ancien Ouest. A quoi les a réduits la fusion de 1855 ? C'est à l'étude qui va suivre d'élucider la question.

Donnons d'abord le détail des lignes qui composent la concession :

	Longueur totale.	exploitée.
Lignes de Banlieue.		
Paris à Saint-Germain.	20	
Asnières à Argenteuil.	3	
Asnières à Versailles (rive droite)	18	
Paris à Auteuil	8	
Paris à Versailles (rive gauche)	17	66
Lignes de Bretagne.		
Versailles à Rennes.	356	356
Le Mans à Mézidon.	143	99
Le Mans à Angers.	97	
Rennes à Redon.	71	
Rennes à Brest.	244	
Rennes à Saint-Malo.	77	
Lignes de Normandie.		
Paris au Havre.	228	228
Malaunay à Dieppe.—Beuzeville à Fécamp.	63	63
Mantes à Cherbourg. — Embranchement sur Saint-Lô.	312	182
Serquigny à Rouen.	58	
Lisieux à Honfleur.	43	
Saint-Cyr à Surdon	160	
Argentan à Granville.	133	
Totaux.	2051 kilom.	994

Depuis la fusion, la Compagnie a distribué trois dividendes,
savoir : 50, 40 et 37 fr. 50. A quelle cause attribue-t-elle
cette progression décroissante ? A l'ouverture successive de
sections dont les produits ne couvrent pas le montant des
intérêts à porter au débit de l'exploitation. En 1858, elle a
livré, savoir : le 1ᵉʳ février, 43 kilom., Alençon à Argentan ;
elle livrera, le 1ᵉʳ juillet, 132 kilom., Caen à Cherbourg, et
18 kilom., Lisieux à Pont-l'Évêque, et probablement, à la
fin de l'année, 43 kilom. d'Argentan à Mézidon, ensemble
une longueur de 236 kilom. Si dans l'intervalle elle n'a
pas obtenu l'autorisation qu'elle paraît solliciter ; si elle ne
peut écarter du compte général et porter dans un compte
séparé l'exploitation de ces sections, une quatrième réduction de dividende est inévitable. On doit même la prévoir
d'autant plus forte que la recette de 1858, par rapport à
1857, accuse au 31 juin un déficit de 707,315 francs.

Les comptes séparés, les ajournements et tous ces expé-
dients qu'on a beaucoup trop vantés, perdront chaque jour
dans l'opinion ; il est douteux que la Compagnie de l'Ouest
puisse ou doive y recourir. Qu'importerait du reste un af-
faiblissement temporaire de revenu si elle pouvait établir
un compte définitif satisfaisant ? Malheureusement tel n'est
pas le cas, et son avenir est tout aussi incertain que celui de
la compagnie d'Orléans.

A la fin de 1857, elle exploitait 951 kilom. ; ajoutant les
236 kilom. livrés ou à livrer comme il vient d'être dit, elle
aura à la fin de l'exercice courant, 1,187 kilom. en exploitation. Quelle dépense entraînera la construction des 864
kilom. restants ? En dehors des communications de la Compagnie, c'est impossible à établir.

Quelle recette font espérer ces sections non encore construites? Les calculs auxquels la Compagnie a dû faire procéder pourraient seuls éclairer les actionnaires à cet égard.

La dépense d'établissement fin décembre 1857 s'élevait à 446,781,615 fr., et voici l'état des ressources réalisées ou assurées :

Capital actions.		150,000,000
Subventions reçues.	27,909,000	
A recevoir.	43,341,000	71,250,000
Total.		221,250,000

EMPRUNTS :

42,578 obligations 4 0/0 antérieures à la fusion.	39,023,400
400,482 délivrées en échange des obligations des anciennes Compagnies.	120,144,600
431 199 négociées, ayant produit.	116,353,202
18,319 en négociation.	5,495,700
850,000 obligations 3 0/0.	
Total.	502,266,902

L'annuité comprenant l'intérêt et l'amortissement de ces emprunts s'élève à 15,953,290 fr. En 1857, le revenu de l'exploitation, les dépenses déduites, n'a été que de 22,389,515 fr. D'un autre côté, le capital étant fourni, 150 millions par les actions, et au delà de 280 millions par l'emprunt, le moment n'est-il pas arrivé d'examiner s'il ne conviendrait pas d'établir une répartition des deux éléments qui augmente la sécurité des prêteurs et la stabilité de la Compagnie ?

En résumé, la valeur du chemin de l'Ouest ne peut être déterminée que par la production de documents officiels. Cependant, et en attendant des publications qui ne feront probablement pas défaut, voici une appréciation générale, bien incertaine, bien hypothétique, que nous produirons sous toute réserve.

A la fin de 1858, l'exploitation s'étendra sur 1187 kilom. ; on admettra que la dépense d'établissement aura absorbé la totalité des ressources assurées ou réalisées au 31 décembre 1857, soit, comme il est dit plus haut, 502 millions.

864 kilom. seront à construire, qu'on supposera devoir ressortir à 300,000 fr; Dépense totale, 259,400,000 fr. à couvrir par l'émission à 275 fr. de 943,300 obligations 3 0/0. L'annuité de ces obligations s'élèverait au chiffre de 15,281,460.

Sur quelle base calculer les produits ? En 1857, 951 kilomètres ont donné en moyenne au delà de 47,000 fr. Comme ces calculs s'appliquent à un compte définitif et par conséquent à une période assez éloignée, on peut admettre que les 1,187 kilom. qui seront livrés à la fin de 1858 ne produiront pas un moindre rendement. Les dépenses d'ordre et d'exploitation seraient, comme en 1857, de 50 0/0.

Les 864 kilom. comprennent l'embranchement de Lisieux à Honfleur, le chemin de Paris à Granville, l'embranchement du Mans à Angers et les trois lignes de Rennes sur Redon, Rennes et Saint-Malo. L'évaluation est des plus difficiles ; admettons 25,000 fr. de recette et 60 0/0 de frais d'exploitation.

Sur ces bases on établirait le compte définitif ci-après.

RECETTES.

1187 kilom.	à 47,000.........	65,789,000
864 »	à 25,000.........	22,600,000
	Total des recettes.......	88,389,000

DÉPENSES.

50 0/0 sur 65,789,000..............	32,894,500
60 0/0 sur 22,600,000..............	13.560,000
Annuité des emprunts anciens.........	15,953,290
» » nouveaux.......	15,281,460
Total des dépenses....	77,689,250

La différence 10,699,750 permettrait de distribuer à chacune des 300,000 actions un dividende de 35 fr. 60 c.

CHEMINS DE FER DU MIDI.

Au commencement de 1852, la nécessité de ranimer l'esprit d'entreprise fit accorder trois concessions très-largement dotées : les chemins de l'Ouest, de Lyon à Avignon et de Paris à Lyon. La même nécessité inspira les décrets et les lois qui sanctionnèrent les fusions dites d'Orléans et de la Méditerranée, les prorogations de l'Est et du Nord.

Dès lors la confiance était rétablie, et les faiseurs, certains de revendre à prime au public les chemins qu'ils obtiendraient à n'importe quelles conditions, allaient offrir des rabais de plus en plus exagérées.

Le 24 août 1852, date de la concession du Midi, on se

tenait loin de tout excès dans ce juste milieu vanté par le sage : aussi les conditions, sans approcher des avantages faits dans les premiers mois de l'année, en assuraient de suffisants. Mais au lieu d'encourager une spéculation furieuse qui a poussé les actions jusqu'à 900 fr., il fallait prêcher la modération, et, conformant sa conduite à ce langage, procéder à l'exécution des travaux avec la plus stricte parcimonie ; il fallait ne pas excéder les devis.

Après cette entrée en matière, et sans autre transition, voici le détail des concessions de la Compagnie.

	Longueur	
	totale.	exploitée.
Bordeaux à Cette.	476	476
Narbonne à Perpignan . . .	63	60
Agde à Clermont	41	»
Bordeaux à Bayonne	198	198
Lamothe à Arcachon	16	16
Morcenx à Mont-de-Marsan. .	39	39
	833	789

1er août 1857. — Réseau pyrénéen, comprenant une ligne de Toulouse à Bayonne, avec embranchement sur Foix et sur Dax. — Deux lignes d'Agen à Tarbes et de Mont-de-Marsan à Rabastens, ensemble 652 kilom. — Un embranchement de 49 kilom. de Castelnaudery à Castres, concédé et accepté sous condition. Total, y compris l'ancien réseau, 934 kilom.

La dépense d'établissement, à l'origine, ne devait se porter qu'à 169,500,000 fr. Cette somme devait être réunie de la manière suivante :

5

Subventions du Trésor. . . . . . 51,500,000 fr.
134,000 actions 67,000,000
Par voie d'emprunt. 51,000,000

Total égal. . . 169,500,000 fr.

Les dépenses soldées au 31 décembre 1857 figurent au bilan comme suit :

Chemin de Bayonne et de Cette et embranchements . . . . 250,825,591 fr.
Chemin de la Teste. 1,583,812
Canal 83,116

Total de la dépense. . 252,492,520 fr.

D'autre part,

Voici l'état exact des ressources réalisées à la même date :

134,000 actions anciennes. . . . 67,000,000 fr.
89,334 » nouvelles émises à 700 fr.. 61,533,800
26,666 actions nouvelles à émettre.

250,000 actions.
Subventions. 49,850,000
804 obligations de la Teste 4 0/0. 1,050,000
249,788 » » 3 0/0. 67,795,725

Total. . . 247,229,525

La dépense excède donc les ressources de plus de 5 millions et rien n'est achevé ; les comptes d'établissement ne sont clos sur aucune section, et il reste à terminer 3 kilom., du Vernet à Perpignan, et l'embranchement tout entier d'Agde à Clermont.

L'État doit un solde de subvention de 1,650,000 fr., et
les 26,666 actions à émettre représentent 13,333,000 fr.
La Compagnie peut donc disposer de près de 15 millions.
Il serait heureux que cette somme suffît pour solder la
dépense d'établissement de l'ancien réseau.

L'exploitation a donné, en 1857, les résultats suivants :

253 kilom. Bordeaux à Bayonne et embranchements de Lamothe à Arcachon, et
de Morcenx à Mont-de-Marsan. . . Fr. 3,983,007 90

Dépenses d'ordre . . . 327,457 90
— d'exploitation . 2,244,577 27

2,572,035 17

Excédant. . . 1,410,972 73

476 kilom. Bordeaux à Cette. 9,348,663 43
Dépenses d'ordre . . . 848,365 29
d'exploitation . 5,008,374 38 .

5,856,739 67

Excédant des recettes 3,491,923 76
Excédant ci-dessus. 1,410,962 73
Revenu net du canal 436,262 11

Total des excédants. . . 5,339,148 60

L'annuité à la charge de la Compagnie s'élevait,
savoir :

Intérêts, amortissement des obligations
de la Teste. . . . .   52,575 fr.
Intérêts, amortissement de 249,788 obligations 3 0/0.   4,046,565
Intérêts 20 fr. de 223,334 actions émises. 4,466,680

Total de l'annuité. . 8,565,820
Les excédants ne s'élevant qu'à. . 5,339,148

La différence en perte est de. . . 3,226,672 fr.

L'exploitation sur là ligne de Bayonne et ses embranchements a été à peu près complète ; il n'en est pas de même
sur celle de Cette, qui n'a été ouverte de Toulouse à Cette
que le 22 avril, et qui, conséquemment, a été exploitée sur
257 kilomètres durant cinq mois et sur 476 durant le reste
de l'année, soit une moyenne exploitée de 388 kilom. La
recette brute étant de 9,348,663, le rendement kilométrique est de 24,092 fr. La dépense donne

Pour les dépenses d'ordre.   2,187
Pour l'exploitation. 12,908

Total par kilomètre   15,095 fr. ou
62 fr. 65 c. 0/0.

Le rendement de la ligne de Bayonne, qui mesure avec
ses embranchements 253 kilomètres, et qui a produit
3,983,007 fr., est de 15,743 fr. La dépense totale de
2,572,035,035 fr. est par kilomètre de   1,290
pour les dépenses d'ordre, et de   8,792

pour l'exploitation.   Total   10,082 par
kilomètre, ou 64 fr. 05 c. 0/0.

L'exploitation s'étend depuis le commencement de l'an-

née sur 789 kilom. ; mais la crise commerciale agissant au
Midi aussi bien que dans les autres parties de l'empire, les
recettes n'accusent pas de progrès par rapport à 1857. Du
1er janvier au 10 juin, la recette brute pour 23 semaines ne
va qu'à 6 millions environ, les produits du canal distraits,
ce qui représente un rendement annuel de 17,763 fr.

L'exercice est mauvais et ne peut servir de base à un
calcul sérieux. Le résultat obtenu suffit pour faire apprécier
la force productive de la concession. Après le relèvement des
tarifs, dont on paraît, du reste, trop attendre, la ligne de
Cette et ses embranchements, 580 kilomètres, rendra certainement 25,000 fr. Pour la ligne de Bayonne avec ses
deux embranchements, 253 kilomètres, on peut compter
sur 20,000 fr.

Les dépenses d'ordre et d'exploitation ne laissent l'espoir
d'aucune économie ; on devra même s'estimer heureux si
les chiffres de 15,100 fr. et 10,100 fr. ne sont pas dépassés.

Sur ces bases, le compte d'exploitation s'établirait de la
manière suivante :

Recette 580 kilom.	25,000	14,500,000
253 »	20,000	5,060,000
		19,560,000
Dépense 580 kilom.		
à 15,100	8,758,000	
Dépense 253 kilom.		
à 10,100	2,555,300	
		11,313,300
Recette nette,		8,246,700

Si les devis n'avaient pas été dépassés, et qu'on n'eût
emprunté que 51 millions, l'annuité à déduire n'étant que

de 3,060,000 fr., le revenu net aurait été de 5,186,700 fr. qui, distribués à 134,000 actions seulement, auraient laissé à chacune d'elles un dividende de plus de 38 fr.

L'imprévision que les actionnaires ont à subir modifie d'une façon bien déplorable ce résultat. D'une part, l'annuité comprenant l'intérêt et l'amortissement des obligations de la Teste et des 249,788 obligations 3 0/0, se porte à 4,099,140 fr. qui distraits de la recette nette ci-dessus, ne laissent qu'un excédant de 4,147,560 fr. D'autre part, les actions émises sont au nombre de 250,000, de sorte que le dividende n'est plus que de 16 fr. 59 c.

Il n'est fait mention ni du canal latéral ni du chemin de la Teste; on a supposé, pour abréger, que les produits du premier couvriraient les engagements pris envers les actionnaires du second.

Ce revenu paraîtra bien maigre en regard des espérances qu'on avait conçues. On ne l'obtiendra cependant ni en 1858, les publications hebdomadaires l'indiquent assez, ni même en 1859, mais nous oserions le garantir pour 1860.

Puisse-t-il n'être atténué ni par d'autres excédants de dépenses, ni par le fait du réseau pyrénéen ! C'est une garantie que nous ne saurions donner.

Sur le premier point, attendons la clôture du compte d'établissement, et formons des vœux pour qu'il se maintienne dans les limites que nous avons indiquées. Sur le second point, il suffit de rappeler les calculs publiés dans le temps et les termes de la convention du 1er août 1857. Le réseau pyrénéen est estimé devoir coûter 136 millions et produire 5,600,000 fr. Moyennant subvention de 24 millions, la Compagnie n'a plus à dépenser que 112 millions qui lui rendront 5 0/0, dont 4, soit 4,480,000 fr., sont garantis.

Mais, au cours actuel, la Compagnie empruntera sur le pied de 6 0/0 ; si le produit n'est que de 5, elle perdra annuellement 1 0/0 ou 1,120,000 francs. Encore faut-il éviter les imprévisions, et c'est une chance à courir. M. Pereire excelle pour lancer, accréditer et faire monter une affaire ; s'agit-il de la mener, c'est bien différent. La construction des chemins de Saint-Germain et de la rive droite, à laquelle il a coopéré, a été marquée par d'énormes imprévisions ; le mètre cube de maçonnerie ressort pour les hôtels Rivoli, bien au-dessus des prix courants, et le chemin du Midi, estimé à 169,500,000 fr., revient à près de 100 millions de plus. M. Pereire est doué d'une vaste aptitude, et l'on ajoute qu'il est grand travailleur ; mais son activité embrasse une sphère si étendue qu'elle ne peut suffire à tout. De là les mécomptes qui suivent presque toutes ses conceptions ; de là les différences à la charge de ceux qui ont subi les cours élevés auxquels les divers titres qu'il a créés ont été vendus au public.

CHEMINS DE FER DU DAUPHINÉ.

A l'origine de la concession, 7 mai 1853, sanctionnée par la loi du 10 juin suivant, on n'avait pour but que l'exécution d'un embranchement de 94 kilom. destiné à relier Grenoble à Saint-Rambert, station du chemin de la Méditerranée.

Le capital social, formé par 50,000 actions de 500 fr., représentait 25 millions. A la garantie de 3 0/0 sur ce capital, l'État ajoutant une subvention de 7 millions, les ressources s'élevaient à 32 millions.

D'après les promesses du rapport présenté aux actionnaires le 27 avril 1854, les dépenses d'établissement et d'approvisionnement du matériel ne devaient pas dépasser 22 millions. Déduisant la subvention du Trésor, les actionnaires ne devaient fournir que 15 millions ou les 3/5 du montant de leurs actions. Les recettes calculées sur les relevés faits en 1845 par le gouvernement donneraient un produit brut de 2,493,259 (un peu plus de 25,000 fr. par kilomètre) qui, déduction faite de 45 0/0 pour frais d'exploitation, laisseraient 1,371,292 fr. de produit net, soit 27 fr. 42 par action libérée de 300 fr.

Le rapport du 26 avril 1858 estime que l'établissement de la section ressortira à 28 millions ; mais dans ce chiffre sont compris 2,800,000 fr. perdus par la Compagnie dans la faillite Leroy de Chabrol, 600,000 fr. de dégâts causés par les inondations de 1856, et 1,800,000 fr. de double voie non prévue dans les calculs primitifs, ensemble 5,200,000 fr. Sous ce rapport, le résultat était satisfaisant.

Le revenu kilométrique prévu est loin d'être atteint, puisque la dernière semaine connue du 28 mai au 3 juin ne rend que 24,778 fr. pour 90 kilom., soit 275 fr. 30 par semaine, et par an 14,315 fr. ; mais le chemin n'aboutit encore qu'à 3 ou 4 kilom. de Grenoble. Grâce à l'achèvement de la lacune et le progrès de l'exploitation aidant, il est probable qu'on parviendra assez rapidement aux 25,000 fr. espérés.

La proportion de 45 0/0 sur un rendement aussi réduit était seule une illusion ; il eût été heureux qu'elle se fût maintenue, comme sur la section d'Amiens à Boulogne, au chiffre de 14,000 fr. par kilomètre. Sur ces bases et la dépense d'établissement étant supposée, sans double voie, de 26 millions, dont 19 fournis par les actionnaires, le revenu par 94 kilom. à raison de 11,000 fr. nets, aurait été de 1,034,000 fr. ou 5 1/2 0/0 environ du capital engagé.

Cet avenir était bien modeste, la raison disait de s'en contenter; mais, poussée par l'engouement général qui portait ses actions jusqu'à 700 fr.; la Compagnie sollicita et obtint, le 18 mars 1857, la concession additionnelle de deux lignes, l'une sur Lyon par Bourgoin, l'autre sur Valence par Saint-Marcelins ou Romans, mesurant ensemble 170 kilom. La longueur kilométrique du réseau était ainsi portée à 264 kilom., et l'entreprise prenait le titre plus retentissant de Compagnie des chemins du Dauphiné.

Une émission de 50,000 actions nouvelles, dont 40,000 attribuées au Crédit mobilier, était autorisée, en même temps que la négociation d'un emprunt de 25 millions. Tel serait l'état des ressources assurées à la Compagnie :

Subvention.................... 7,000,000
50,000 actions anciennes........ 25,000,000
50,000   »   nouvelles........ 25,000,000
Emprunt....................... 25,000,000

Total...... 82,000,000

Cette somme suffira-t-elle pour amener à fin tous les travaux ? Rien ne l'indique dans les derniers rapports. Celui de 1857 donne sur la section de Lyon à Bourgoin, de 40 kilom., des renseignements bien curieux. Elle coûterait 10 millions, ce n'est pas là ce qu'il y aurait de surprenant, et rendrait 80,000 fr. par kilom. Cinq mille francs de plus que la ligne de Saint-Étienne à Lyon ! Il est clair qu'il convient d'attendre et qu'en l'état on ne saurait formuler une opinion.

Si cette prévision ne s'accomplissait pas ou si la branche de Valence absorbait le bénéfice de la ligne de Bourgoin, la Compagnie aurait perdu la garantie de 3 0/0 sur 25 millions, qui de ses actions passe aux obligations, et la portion du trafic que l'ouverture des sections nord et sud enlèvera à la section intermédiaire.

CHEMIN DE BESSÉGES A ALAIS.

Encore une entreprise dont un devis excédé a consommé la ruine. La dépense d'établissement, augmentée de la construction non prévue de 2 kilomètres (embranchement de Bességes à Trélys), évaluée à 6 millions, ressort réellement à 12.

Le capital est formé de 12,000 actions de 500 fr. et de 6,000,875 fr. en obligations 3 0/0, dont l'annuité, calculée comme il a été souvent expliqué, doit être portée à 360,000 environ.

L'exploitation, ouverte le 1ᵉ décembre, a rendu, savoir: sur 31 kilomètres, du 1ᵉʳ au 31 décembre, 73,056 65, soit une recette kilométrique de 27,279 fr., et sur 33 kilomètres, du 1ᵉʳ janvier au 3 juin, en 22 semaines, 224,537 95, soit une recette kilométrique de 17,484 fr.

La circulation qui s'était manifestée dès le début ne s'est pas soutenue; mais on ne peut, sur le résultat des vingt-deux premières semaines, asseoir un jugement définitif. La seconde moitié de l'année est en général plus productive que la première, de sorte que l'on peut compter pour 1858 sur une recette de 20,000 fr. par kilomètre ou de 660,000 fr.

Un traité en vigueur entre la Compagnie de Bességes et celle de la Méditerranée, qui charge cette dernière de l'exploitation, permet d'en calculer la dépense avec précision.

La Compagnie exploitante retient la moitié de la recette brute jusqu'à concurrence d'un produit de 20,000 fr. par kilomètre, et le tiers des excédants de recette au-dessus de ce produit. Elle perçoit en sus une somme fixe de 90,000 fr. pour location du matériel.

Sur la recette prévue de 660,000 fr., la Compagnie de la Méditerranée aura donc à retenir 330,000 fr. d'une part et 90,000 fr. de l'autre : ensemble 420,000 fr., et il ne restera plus que 240,000 fr., somme insuffisante pour couvrir le service de l'emprunt. Mais les porteurs des obligations ne doivent concevoir aucune alarme, les exercices suivants amèneront des progrès qui mettront leurs intérêts hors de tout péril.

En sera-t-il de même des actionnaires? Pour assurer à leur capital une rémunération de 5 0/0, une recette brute de 40,000 fr. par kilomètre est nécessaire, suivant le compte ci-après :

33 kilom. à 40,000 fr		1,320,000
Frais : Moitié sur 660,000. . 330,000		
Tiers sur 660,000. . 220,000		
Location du matériel. 90,000		
Intérêt des obliga-tions. 360,000	1,000,000
Reliquat net.		320,000

ou 26 66 pour chacune des 12,000 actions.

Obtiendra t-on jamais ce résultat? Le bassin de la Cèze est si riche en gisements de toute nature, et les établissements métallurgiques y prennent chaque jour un tel développement, que les actionnaires dont les titres ne représen-

tent, quant à présent, aucune valeur intrinsèque, ne doi
vent pas désespérer.

Mais il est bien évident qu'ils sont victimes de faux calculs. Si le produit des 4,000 actions et des 7,143 obligations mentionnées aux statuts avait, comme on le leur
faisait espérer, mené l'entreprise à bonne fin, l'annuité pri-
vilégiée se trouvant réduite à 115,716 fr., les produits
actuels seraient presque suffisants.

Le dernier rapport du Conseil d'administration révèle un
fait intéressant. Pour parer à l'imprévision de 6 millions
qui s'est manifestée en cours d'exécution., la Compagnie
voulait n'avoir recours qu'à l'emprunt. Le conseil d'État
n'a autorisé l'emprunt que jusqu'à concurrence de 4 millions, et a exigé la création de 2 millions d'actions, la
volonté du gouvernement, dit le rapport, étant que le chiffre des emprunts n'excède pas désormais le chiffre du capital engagé par les actionnaires.

Les partisans de la non-intervention de l'État, en manière économique, peuvent regretter cette entrave apportée
à la liberté d'action de la Compagnie ; la mesure en elle-
même n'en est pas moins excellente.

On pensera que cette règle doit être généralement ap-
pliquée, et jusqu'à un certain point aux Compagnies d'Orléans et de l'Ouest, qui l'ont dépassée dans une si forte
proportion.

CHEMINS ÉTRANGERS.

Paris a pu se croire un moment appelé à devenir le siége de toutes les grandes entreprises du monde : les taxes mises sur leurs titres et les mesures qui en gênent la négociation en ont disposé autrement. En attendant qu'elles abandonnent le marché, il en est deux qui donnent encore lieu à beaucoup de transactions et qu'il importe de bien apprécier.

CHEMINS DE FER LOMBARDS.

La Compagnie des chemins lombards a obtenu deux concessions distinctes : l'une située sur la rive gauche du Pô, d'une longueur de 791 kilom. environ, est accordée par l'Autriche seule ; pour la seconde, de 280 kilom., compris entre Plaisance et Pistoie, elle a traité avec l'Autriche, les duchés, l'État pontifical et la Toscane.

Cette dernière partie de la concession sera de beaucoup la moins productive ; elle améliorera cependant la première et donnera même quelque bénéfice, si la dépense d'exécution, évaluée à 90 millions de francs, n'est pas dépassée. En effet, cette somme, entièrement réalisée en obligations de 500 fr., produisant 15 fr. d'intérêt, émises à 275 fr., sera amortie, à raison de 5 fr. 75 pour 0/0, par une annuité de 5,175,000 fr., tandis que les cinq gouvernements précités ont garanti un revenu net, non de 6,500,000 fr., comme la Compagnie l'a imprimé dans ses prospectus, et comme à la suite plusieurs journaux l'ont répété, mais de 6,500,000 livres italiennes, soit sur le pied de 85 centimes, 5,525,000 fr. Le bénéfice net sera donc de 350,000 fr.

La condition est très-favorable à la Compagnie, parce que, de longtemps, la ligne centrale ne rendra les revenus garantis ; elle simplifie aussi ce travail, puisqu'elle le réduit à l'appréciation des 791 kilomètres du lombard-vénitien.

La dépense d'établissement du réseau lombard, en dehors d'une somme de 30 millions de livres, de laquelle l'Autriche ne sera remboursée qu'au moyen d'un prélèvement de moitié sur les produits nets excédant 7 0/0 du capital, est portée, dans le prospectus de la Compagnie, à 210 millions de francs, soit environ 266,000 fr. par kilom.

Ce capital sera réalisé comme suit :

312,500 actions de 500 fr. émises.		156,250,000
156,250 oblig. émises à 275 f. 43,068,350	⎱	
39,204 — à émettre. . . . 10,781,650	⎰	53,850,000
		210,100,000

Si l'on suppose des rendements de 25, 30 ou 35,000 fr. par kilomètre, avec une dépense d'exploitation de 50 0/0 dans le premier cas, de 45 0/0 dans le second, et de 40 0/0 dans le troisième, on obtiendra les résultats ci-après :

Revenu net, par kilomètre.	12,500	16,500	21,000
— pour 791 kilomètres.	9,887,500	13,051,500	16,611,000
— net de la ligne centrale.	350,000	350,000	350,000
Totaux. . .	10,237,500	13,401,500	16,961,000
Intérêts, amortissement, 5.75, à déduire, sur 53,750,000 d'emprunt. .	3,090,625	3,090,625	3,090,625
Net à distribuer.	7,146,875	10,310,875	13,870,375
A chaque action.	22 fr. 80	32 fr. 85	44 fr. 40

Évidemment, l'action des chemins lombards ne vaut
la prime de 150 fr. en moyenne sous le bénéfice de laquelle les concessionnaires l'ont vendue au public, ou celle
plus modérée des derniers cours, que si l'on admet le rendement le plus élevé. Voici les motifs qui portent à croire
qu'il ne sera pas atteint :

1° En Italie, une seule ligne, assez courte du reste, celle
de Gênes à Turin, a produit au delà de 35,000 fr. par kilomètre, et ceux qui connaissent l'activité des relations exis-
tantes entre ces deux villes, conviendront que rien de pareil
ne se produit dans le Lombard-Vénitien.

2° Les résultats passés et présents peuvent faire préjuger
les résultats futurs. Sur les sections exploitées on a obtenu,
savoir :

```
1856. 402 kilom........................... 7,745,504 par kilom. 19,267.
1857. 415   —   (Long. moyenne), au 31 déc., 456 k. 8,993,556     —     21,671.
1858. 456   —   (1ᵉʳ janvier au 19 juin)              4,129,475     —     18,252.
```

Le progrès de 1857 n'est pas considérable et 1858
semble marquer un déclin : ce n'est qu'une apparence ; les
recettes d'été et d'automne, naturellement plus fortes, com-
bleront la différence, et l'on arrivera même à la fin de
l'exercice avec quelque augmentation. Mais qu'on n'en espère
pas de trop brusques ; les 456 kilomètres exploités formant
un réseau continu, assurent la jonction de Milan et de
Venise, et la circulation qui s'est établie ne s'accroîtra plus
que graduellement.

3° La concession de la Compagnie se compose d'une
ligne de 514 kilomètres se dirigeant de la frontière sarde sur
Trieste par Milan et Venise : c'est la partie la plus productive, et d'une section d'Arona à Plaisance et de divers em-

branchements mesurant ensemble 277 kilomètres dont le rendement sera fort inférieur.

Les 456 kilomètres actuellement en exploitation font presque en totalité partie de la ligne principale, et les recettes hebdomadaires semblent indiquer que le rendement kilométrique se fixera à un chiffre intermédiaire entre 25 et 30,000 fr. Quelle sera la moyenne lorsqu'après achèvement des travaux, il faudra les confondre avec les recettes des 277 kilomètres moins féconds ? Sans avoir la prétention de préciser, on peut dire que cette moyenne, dès la première année d'exploitation complète, n'ira pas à 25,000 fr.

D'après les calculs qui précèdent, un rendement de 25,000 fr. ne répond qu'à un dividende de 22 fr., néanmoins les actionnaires ne sauraient toucher moins de 5 0/0, soit 25 fr. Le gouvernement autrichien a garanti ce minimum, et il n'est pas douteux, le cas échéant, qu'il fera honneur à ses engagements. Seulement, aux termes des conventions, il ne comblera le déficit qu'au moyen d'avances dont il sera remboursé avec intérêt à 4 0/0, quand les produits le permettront.

Si, comme tout porte à le croire, dès le commencement de l'exploitation complète, les recettes kilométriques sont inférieures à 25,000 fr. et qu'un certain nombre d'années soit nécessaire pour atteindre à ce niveau, l'actionnaire sera limité à une distribution de 25 fr. jusqu'à ce que les excédants de revenus aient remboursé les avances augmentées des intérêts.

Étant admis, et cette hypothèse est assez vraisemblable, que le trésor autrichien sera en perte durant trois ou quatre ans, et qu'il faudra trois ou quatre ans aussi pour le couvrir, le dividende restera stationnaire durant toute cette période.

6

A partir de la libération de la Compagnie, le dividende pourra progresser jusqu'à 35 fr. ; mais arrivé à ce point, il subira un arrêt partiel, attendu que le trésor autrichien aura droit, jusqu'à concurrence de 30 millions de livres italiennes ou de 25,500,000 fr., à la moitié des produits excédant 7 0/0 du capital engagé.

Les dividendes de 10 livres 32, pour le deuxième semestre de 1856, et de 20 liv. 64 pour l'exercice 1857, distribués en 1857 et 1858, ont pu faire concevoir de plus grandes espérances ; elles doivent céder devant la réalité. Le gouvernement autrichien a vendu 402 kilomètres livrés à la circulation et 54 kilomètres presque achevés, ensemble les 456 kilomètres aujourd'hui exploités, au prix de 100 millions de livres, payables savoir : 20 millions, trois mois après la ratification du contrat (ce versement est opéré); 50 millions en cinq termes d'année en année, et 30 millions éventuels sur la moitié des produits dépassant 7 0/0.

La Compagnie ayant pris possession le 1er juin 1856, a perçu durant sept mois des produits nets s'élevant, toutes dépenses déduites, sauf les 7/11es des frais généraux ajoutés au compte de capital, à. . . . . 2,525,448 liv.

Les intérêts des obligations et des actions à sa charge se portaient d'autre part à. 2,700,000

Dont à déduire le bénéfice des placements de fonds. . 1,148,880

Total des charges. . 1,551,120   1,551,120

Revenu net . . . . . 974,328 liv.

Mais les statuts (art. 45) permettant, pendant la durée de la construction, de porter les intérêts au compte d'établissement, et considérant que la Compagnie n'avait réellement engagé que les 20 millions de livres comptées à l'Autriche, on n'a chargé l'exploitation que de 500,000 livres environ. Le revenu net s'est par suite élevé à 2,021,045 livres et, distraction faite des réserves statutaires et d'un reliquat porté à nouveau, on a pu distribuer 1,875,000 livres. D'après le même procédé, l'exploitation de 1857 n'ayant supporté pour intérêts qu'une charge de 1,331,637 liv. 57, on a pu réserver aux actions 20 liv. 64.

La Compagnie a joui de travaux qui lui coûtent 70 millions d'une part et 30 millions de l'autre ; elle n'a défalqué des recettes qu'un intérêt correspondant à un bien moindre capital ; les statuts l'autorisant, sa conduite est irréprochable.

Peut-on en dire autant, à propos d'une autre affaire qu'elle a fait sanctionner par la dernière assemblée générale ? Il s'agit de l'achat de la section dite Maria-Antonia, de 34 kilomètres, qui relie Pistoie à Florence. Ce chemin, dont le produit brut actuel n'est que de 10 à 12,000 fr. par kilomètre, a été acquis au prix de 20,000 oblgations 3 0/0 qui entraînent, en intérêts et amortissement, y compris le service d'une dette spéciale, une charge annuelle de 370,000 fr., soit presque 11,000 fr. par kilomètre.

Que la Compagnie eût fait un sacrifice pour assurer la création d'un prolongement utile, on le comprendrait ; mais la Maria-Antonia étant construite, qu'était-il besoin de courir des risques ? Le Conseil n'aurait-il pas trop aveuglément cédé aux obsessions d'acheteurs à bas prix d'actions discréditées ? Evidemment, c'est un marché onéreux.

En résumé, la concession des chemins lombards est des mieux combinées. Pourvu que les devis ne soient pas dépassés et que le capital de 300 millions suffise à l'achèvement des travaux et à l'approvisionnement du matériel, l'entreprise offre toute garantie aux actionnaires. Mais rien, si ce n'est l'engouement dont les chemins de fer étaient naguère l'objet, n'a justifié à aucune époque la prime très-élevée dont elle a joui jusqu'à présent. Que l'action revienne à sa juste valeur, c'est-à-dire au pair, et malgré l'inconvénient des appels de fonds qui doivent se succéder à des époques assez rapprochées, les capitalistes feront bien de la prendre et de la garder comme placement sérieux et d'avenir.

CHEMINS DE MADRID A SARAGOSSE ET ALICANTE.

L'un des avantages de cette entreprise, et l'on n'en saurait méconnaître l'importance, c'est que le compte d'établissement peut être arrêté avec une rigueur mathématique. L'une des deux branches de la concession est achetée toute faite moyennant un prix déterminé, et l'autre est exécutée à forfait par une compagnie d'entrepreneurs solvables. Le compte doit être établi comme suit :

342 kil. Madrid à Sara-
    gosse .... 152,237 fr. 51,800,654
455 kil. Madrid à Alicante 180,000   84,900,000

Sur 797 kil., complément de
    matériel à........ 10,000   7,970,000
    Intérêt durant la con-
    struction..   12,000,000
    Supplément pour re-
    dressement du tracé
    de Saragosse, im-
    prévu..........   3,329,346

          Dépense totale...... 157,000,000

Le capital actions s'élevant à 120 millions, la Compagnie devra lever par voie d'emprunt 37 millions. La négociation, sur le pied de 250 fr., de 148,000 obligations donnera cette dernière somme ; et l'annuité, comprenant l'intérêt et l'amortissement à raison de 16 fr. 20 cent. par obligation sera de. 2,377,600

Intérêt à 6 0/0 des actions. 7,200,000

Total des intérêts à la charge de la Cie... 9,577,600

L'exploitation de la ligne d'Alicante, enfin ouverte au public dans toute son étendue, ne mérite de fixer l'attention que depuis qu'elle a été complète. C'est le 9 avril dernier que le service des marchandises a été définitivement installé, et de ce jour au 3 juin, en six semaines, les produits bruts s'élèvent à 1,366,564, soit 26,000 fr. par kilomètre et par an. Le rapport lu à la dernière assemblée générale expose que l'insuffisance du matériel nuit au développement du trafic ; qu'une masse assez considérable de marchandises prend forcément la route de terre ; et il exprime l'espoir que durant les derniers mois de l'exercice, un approvisionnement plus complet de matériel permettra d'élever le rendement kilométrique au chiffre de 35,000 fr. par an.

Entre Madrid et Saragosse, peut-on espérer des produits aussi abondants? La réponse ne peut qu'être affirmative. Les voies de la Compagnie, arrivées à Saragosse, s'y relieront au chemin en construction de Saragosse à Barcelone, et transporteront, sans solution de continuité, dans cette métropole industrielle de l'Espagne, marchandises et voyageurs. Les apports de Barcelone ne sauraient être inférieurs à ceux d'Alicante et l'on doit prévoir un rendement au moins égal.

Les lignes que nous ouvrons aujourd'hui en France, telles que Lyon à Genève et Besançon à Belfort, se trouvant dès leur principe en possession de tous leurs tenants et aboutissants, atteignent presque immédiatement à l'apogée de leur trafic. Il n'en est pas de même en Espagne ; de nombreux affluents, les uns en projets, d'autres arrivés à divers degrés d'avancement, viendront successivement apporter leur tribut aux deux branches d'Alicante et de Saragosse. La recette brute de 35,000 fr. prévue pour la fin de l'exercice suivant est donc susceptible d'une forte augmentation. Les résultats définitifs vont être calculés dans la triple hypothèse d'une recette kilométrique de 35, 40 et 50,000 fr.

La dépense a jusqu'à ces derniers temps été excessive. Dans beaucoup de stations l'eau devait être approvisionnée à grands frais, et la tonne de coke, transportée sur essieux et même à dos de mulet, ressortait jusqu'à 150 fr. la tonne. Les premières locomotives étant de plus défectueuses, il en fallait souvent deux pour remorquer les convois. Le matériel est enfin dans de bonnes conditions, le service de l'eau se perfectionne graduellement, et le combustible, pris à Alicante, ne coûte plus par tonne que 67 fr. le coke et 47 fr. la houille. Quand les rails toucheront aux quais de débarquement, ces prix seront réduits à 63 fr. et 40 fr.

Néanmoins, la partie du chemin comprise entre Almansa et Alicante est fort inclinée, et l'exploitation sera toujours assez coûteuse. Il convient donc de distraire des trois rendements précités une proportion de 60, 55 et 50 0/0 pour frais d'exploitation. On aurait les résultats suivants :

Produits nets par kilomètre. . . . fr.	14,000	18,000	25,000
Produits pour 797 kilomètres . . .	11,158,000	14,346,000	19,925,000
A déduire l'annuité ci-devant mentionnée.	9,577,600	9,577,600	9,577,600
Reliquats nets	1,580,400	4,768,400	10,347,400

Aux termes des statuts, après le paiement des charges et d'un intérêt de 6 0/0 au profit des actionnaires, les administrateurs et les fondateurs ont droit à 10 0/0 sur les bénéfices, et 20 0/0 du même bénéfice sont mis à la réserve jusqu'à ce que ce fonds soit porté à 12 millions. Il convient donc de diminuer de 30 0/0 les reliquats ci-dessus, ce qui les réduit à 1,106,280, 3,337,880 et 7,243,180 fr., soit par action, y compris l'intérêt à 6 0/0, fr. 34 60, 43 90, 60 10.

Il paraît indubitable qu'avant que l'exploitation soit complète, le premier rendement sera dépassé, et que la recette oscillera bientôt entre le second et le troisième. L'entreprise paraît donc reposer sur de solides fondements, et la Bourse de Paris pourrait la traiter avec un peu plus de faveur.

Au nombre des résolutions mentionnées par le procès-verbal de la dernière assemblée, il en est une qui autorise le Conseil à faire usage de certaines facultés inscrites à l'art. 26 des statuts ; en d'autres termes, pouvoir lui est donné, sans consulter les actionnaires, de solliciter des concessions et de passer des traités d'achat et de fusion.

Les événements dont notre marché est le théâtre ne sont-ils pas de nature à inspirer quelque appréhension ? La Compagnie est en possession des deux meilleures lignes de la Péninsule, elle est à l'abri de la concurrence. A quoi doit-elle aspirer ? A clore son compte d'établissement et à perfectionner son trafic ; en s'étendant, elle ne pourrait que s'affaiblir.

Notre revue est finie, il ne reste qu'à la résumer. En dehors des communications officielles, *Orléans* et l'*Ouest* ne sauraient être évalués. Ne faut-il pas augmenter leur capital actions ? Ces incertitudes recommandent du reste ces deux titres à la spéculation, qui va probablement exercer sur eux son principal effort. — La situation de *Lyon*, quoique encore bien obscure, est un peu plus appréciable. On peut estimer à 700 fr. la valeur intrinsèque. — L'*Est* a un et peut-être deux mauvais exercices à franchir ; on ne devrait pas le porter au-dessus de 600 fr. — Le Nord est de tous nos chemins celui qui présente le plus de fixité. Mais le compte d'établissement n'est pas clos, et d'ailleurs les titres sont à 137 0/0 de prime. Ne faut-il pas, dans ces ces conditions, exiger un revenu de 6 1/2 0/0 ? Les cours de 940 à 950 seraient à peine justifiés. — Le *Midi*, *Genève* et les *Ardennes*, qui ne distribuent que 4 0/0, pris en partie sur le capital, valent tout au plus 400 fr. valeur actuelle. —Le *Dauphiné* est sur le point d'ouvrir une section dont il attend un rendement de 80,000 fr. par kilom. Si cet espoir se réalise, il vaudra bien 520 fr. — *Béziers* et *Bességes* ne représentent aucune valeur intrinsèque quant à présent. — Les seuls chemins étrangers dont il ait été question, *Saragosse* et les *Lombards*, devraient se niveler, mais pas au-dessus du pair.

DES NÉGOCIATIONS.

Le but de l'État, comme la Bourse semble se l'imaginer, est-il d'améliorer la position des Compagnies? S'il en était ainsi, il s'occuperait des plus malheureuses, à commencer par Bességes et Béziers. Le budget, même doublé, serait impuissant à réparer les pertes des entreprises mal conçues ou mal exécutées. Ce que l'Etat veut, c'est lever les obstacles qui pourraient entraver ou retarder l'exécution des derniers chemins concédés, et c'est avec Lyon, Orléans et l'Ouest qu'il a noué des négociations.

Un journal généralement bien informé, le *Journal des travaux publics*, en fait connaître les premiers résultats.

Les Compagnies sollicitaient des exonérations ou des délais ; elles ont complétement échoué sur ce point. Il n'en pouvait être autrement : la plus prompte exécution des travaux, voilà l'intérêt principal.

Les comptes distincts qu'elles demandaient à ouvrir pour les sections nouvelles auraient aussi été repoussés. On ne peut qu'approuver cette décision. Le système était faux en principe, et il n'a fallu rien moins que l'autorité des hommes sous le couvert de qui il s'est présenté par le faire accepter.

Il n'a réussi qu'à discréditer la Compagnie qui voulait le mettre en pratique.

On se serait accordé sur un troisième point : l'Etat garantirait un revenu minimum de 4 fr. 65 0/0 applicable aux concessions nouvelles. Les Compagnies, empruntant à 6 0/0, ne perdraient plus que 1,35 du capital engagé. Le dividende, sans sortir intact, ne serait que faiblement atteint.

Cette garantie serait-elle temporaire ou permanente ? Le journal précité n'entre pas dans d'autres explications ; il la présente même comme un appui moral plutôt que matériel, et c'est ainsi qu'il convient de l'envisager. L'Etat suppléera bien au revenu garanti ; mais, comme c'est l'usage en pareille matière, il aura stipulé des éventualités de remboursement. Ses avances auront empêché d'abord un déclin trop marqué ; ses reprises, le cas échéant, retarderont les progrès ultérieurs. Le remboursement d'un prêt de cette nature aurait mis l'ancienne Compagnie de Bâle dans cette bizarre situation, que son dividende n'aurait pu d'un demi-siècle excéder 14 fr. par 350 fr. versés. A propos des chemins lombards, nous avons établi que durant un certain nombre d'années après complète exécution, le dividende serait limité à 25, et que, parvenu à 35, il subirait un arrêt partiel. C'est donc à la valeur réelle des entreprises qu'il faut en revenir, et c'est à la connaître plutôt qu'à pénétrer le secret de telle ou telle négociation que les spéculateurs devraient s'attacher lorsqu'ils en vendent ou qu'ils en achètent les titres.

Cependant le témoignage donné par le gouvernement à l'industrie des chemins de fer ne saurait que produire de bons résultats. Sans négliger leur intérêt exclusif, les Compagnies feraient bien de profiter de l'occasion pour aborder et faire résoudre certaines questions d'un intérêt plus général.

Depuis 1850 on n'a cessé de les frapper de taxes : droit de timbre sur les titres d'actions et d'obligations, dixième sur les voyageurs et les marchandises transportées à grande vitesse, double décime, enfin droit de transmission sur les valeurs mobilières. Ces impôts sont restrictifs de l'esprit d'entreprise et des transactions; en obtenir l'abrogation relèverait mieux leur crédit que toutes les garanties particulières. L'entreprise n'est pas sans difficulté, mais la justice et l'intérêt public plaidant leur cause, elles ne peuvent manquer de réussir.

RÉFORME DE LA SOCIÉTÉ ANONYME.

L'administration des chemins de fer, on a pu en juger par ce qui précède, laisse beaucoup à désirer; c'est moins la faute des hommes que des vices de l'organisation actuelle.

La société anonyme, telle qu'elle est constituée, pèche sous deux rapports : ceux qui, apportant le capital, sont censés en être les maîtres et les souverains, n'exercent dans la réalité aucune action sur ce capital.

Au lieu d'être sous la main d'agents ou fonctionnaires spéciaux, elle est gérée par commission. Quelques banquiers et chefs des principales maisons d'industrie et de commerce d'une part, et d'autre part des hommes du monde, recrutent tous nos conseils d'administration. Ils y sont tous plus ou moins déplacés : les premiers, absorbés par le soin de leurs affaires, n'ont pas assez de loisir, et les derniers, qui pour la plupart confient à des intendants le soin de leur fortune personnelle, sont peu propres à remplir, pour une collection d'actionnaires, le rôle d'intendants. Mieux vaut renvoyer les uns à leurs comptoirs, les autres dans leurs salons ; non pour les exclure d'une façon absolue : le système qu'il s'agit d'introduire a le mérite de ne prononcer aucune exclusion et d'admettre, au contraire, tous ceux qui réunissent les conditions requises, et de chercher pour le gouvernement des sociétés des éléments mieux appropriés à leur destination.

Une association sous la forme anonyme doit être considérée comme une espèce de commune civile, qui, de même que la commune naturelle, a besoin d'être pourvue d'un conseil, d'un maire et de plusieurs adjoints. Les habitants de cette dernière, résidant tous au même lieu et se connaissant entre eux, composent avec avantage leur conseil par voie d'élection. Les actionnaires qui sont disséminés dans diverses résidences et qui ne se sont jamais vus, ne sauraient user du même procédé. Ils en emploieront un autre plus simple encore et tout aussi bon, sinon meilleur. Chaque année, pour assister aux assemblées générales, ils font le dépôt de leurs titres ; les plus forts actionnaires qui consentiraient à déposer leurs titres dans la caisse de la Société et qui s'engageraient sur l'honneur à ne prendre aucun intérêt direct ou indirect dans les marchés et fournitures à faire avec la Compagnie, entreraient au Conseil. Quand on a les mêmes intérêts, on est aisément d'accord ; on ne devrait donc pas redouter le nombre, et, suivant l'importance de l'affaire, on pourrait admettre vingt, trente, quarante et jusqu'à cinquante membres.

Un conseil ainsi composé serait parfaitement intéressé à la prospérité de la Société, et cette qualité, que nul ne s'avisera de lui contester, suffira pour qu'il remplisse à la satisfaction commune les importantes attributions qui lui seront conférées.

Ce n'est ni le temps ni le lieu d'entrer dans les détails de l'organisation ; il suffit de dire qu'on se gardera bien de l'investir d'aucune action administrative ; ce serait retomber dans le système vicieux de la régie par vacations. Représentant de la propriété, il aura la direction supérieure et le droit de contrôle, d'observation et de conseil qui appartient au propriétaire. Il proposera au choix de l'assemblée générale les fonctionnaires principaux, aura le droit de les suspendre et pourra demander leur révocation ; sur la présentation de ces fonctionnaires, il nommera à tous les postes et emplois ; il se fera rendre compte, et, soit par des délégués pris dans son sein, soit par des mandataires à temps ou permanents, exercera sur toutes les branches du service la surveillance qu'il jugera convenable. Le droit de convoquer l'assemblée générale lui appartiendra essentiellement.

Les fonctionnaires nommés par l'assemblée générale, sur la présentation du Conseil, seront en petit nombre. Il n'en faudrait pas plus de cinq pour la plus importante de nos Compagnies de chemins de fer, à savoir : un maire ou gouverneur dirigeant en chef toutes les affaires de la Société, et sous son autorité quatre adjoints chargés de l'exploitation commerciale, des travaux de construction et d'entretien, de la traction et du matériel, enfin de la caisse et de la comptabilité.

Il convient maintenant de rappeler quelques-unes des erreurs dans lesquelles les Compagnies actuelles sont tombées, et de voir si, par l'organisation proposée, elles n'y auraient pas échappé.

Devis excédés. — *Genève* devait, en ajoutant 45,250,000 fr. à la somme de 17,000,000 fr. de subvention à recevoir, solder son compte d'établissement. Il a fallu 50,250,000 fr. de plus. La dépense du *Midi*, évaluée 169,500,000 fr., s'élèvera à 270,000,000 fr. ; et *Bességes*, au lieu de 6, coûte 12,000,000 fr.

D'où proviennent ces imprévisions, qui font perdre aux actionnaires, en sus des primes qu'ils ont payées, tout ou partie du capital nominal ? D'une mauvaise exécution, ou de l'acceptation aveugle de devis mal étudiés ; peut-être de l'une et l'autre de ces causes.

Des concessionnaires assurés de réaliser des primes s'amusent-ils à vérifier des devis ? Ç'aurait été le premier soin d'un Conseil composé d'actionnaires sérieusement engagés. Il est même probable qu'au moyen de marchés passés avec des entrepreneurs, il se serait mis à l'abri de toute éventualité.

En cas d'exécution reprochable, sur qui tombe aujourd'hui la responsabilité ? Sur tous, et, par conséquent, sur personne ; dans l'organisation proposée, le gouverneur d'abord, et ses agents ensuite, sont indéfiniment responsables, et cette garantie n'est pas sans valeur.

Fusions, extensions onéreuses. — A quoi servirait de reproduire des détails épuisés ? N'est-il pas évident que toute condition onéreuse aurait été repoussée par des Conseils fortement intéressés ?

Administration, exploitation. — On a vu qu'en général nos Compagnies exploitent chèrement, et que la proportion de leurs frais présente des disparates et des variations bien étranges. Le mal doit être imputé au système de régie par vacations. Des fonctionnaires spéciaux réaliseraient des économies; il est même certain que, améliorant le trafic, ils accroîtraient les produits. Les chemins de fer encaissent une recette de plus de 300 millions; le seul changement de système entraînerait un bénéfice qu'on ne peut estimer à moins de 10 0/0 ou de 30 millions.

Mais il faut passer à d'autres considérations. Comment se font les affaires aujourd'hui? Quelques faiseurs s'en chargent à leurs risques et périls et les revendent au public avec bénéfice. Une affaire ne peut donc réussir qu'à l'une de ces conditions, qu'elle est ou que le public la croit excellente. Cependant la concurrence, qui limite les bénéfices, et l'appât du gain, qui en fait espérer le placement, en suscitent plus de médiocres et de mauvaises que de bonnes. Pour faire naître des primes, on fait naître des illusions qui, tombant bientôt les unes à la suite des autres, engendrent ces baisses, ces temps d'arrêt et ces crises qui s'élèvent parfois aux proportions de véritables calamités publiques.

En France, il en résulte un autre inconvénient : on n'aime guère les gens de finance, on doit même prendre sur soi pour ne pas être injuste envers eux ; les procédés qu'ils emploient, inévitables tant que durera le système actuel, aigrissent et poussent aux représailles. Le mouvement d'opinion provoqué par la chute de certaines primes et par le spectacle des fortunes si rapidement édifiées sur ce fragile fondement, nous ont valu une croisade contre l'agiotage et la Bourse, en même temps que les taxes et les mesures restrictives à l'abrogation desquelles est subordonné le retour de notre prospérité.

La réforme proposée préviendrait également cette nature de désordre. L'État et les capitalistes traiteraient directement. Le gouvernement impérial a supprimé les intermédiaires en matière d'emprunt; le moyen lui est offert de les supprimer aussi en matière de concessions d'intérêt public.

Les circonstances appellent les innovations. L'impossibilité de lever des primes rend les affaires nouvelles impossibles; il en est cependant qui ne souffrent pas de retard. Dans le nombre, on peut citer l'exécution des chemins de fer algériens.

Les initiateurs ordinaires s'abstiennent ; pourquoi le gouvernement ne s'adresserait-il pas au public? Les capitaux abondent, et, pourvu qu'il leur offre sécurité et des avantages convenables, ils ne feront pas défaut.

Une garantie d'intérêt à 5 0/0 sur un capital à déterminer, après examen contradictoire des plans et devis, avec partage au profit du trésor du produit excédant 8 0/0, et l'exemption de tous droits de timbre et transmission, seraient un appât suffisant. Une souscription ouverte sur ces bases, moyennant versement d'un dixième ou d'un cinquième, réunirait en peu de jours 100 ou 150 millions.

En résumé, qu'on rende en fait aux bailleurs de fonds ce qui leur appartient de droit, c'est-à-dire la direction supérieure de leur capital, et les abus dont ils souffrent auront bientôt pris fin.

PARIS. — IMPRIMERIE CENTRALE DE NAPOLÉON CHAIX ET COMPAGNIE, RUE BERGÈRE, 20. — 1810.

IMPRIMERIE CENTRALE DE NAPOLÉON CHAIX ET Cie
Rue Bergère, 20, près du boulevard Montmartre